本書を読まずに障害者を雇用してはいけません!

久保 修一 著

労働新聞社

まえがき

障害者を敵に回すのか

「うちの会社の障害者は、まさしくモンスターですよ」

「障害者のせいで、どれほどひどい目にあったと思ってるんですか！」

誰もが名前を聞いたことのある一流企業の担当者が、会う人会う人がこう言って嘆きます。これだけを聞くと、「心ない人のとんでもない意見だ！」「そんなにひどいことを言う会社ってあるの？」と思う人がいるかもしれません。しかし、これは誰もが口にすることを憚っている現実の一つです。

こんな話を暴露すると、「障害者を敵に回す気か！」と非難されそうです。もちろん、そんなつもりはありません。私は、障害者に特化した日本初の労働組合（ユニオン）の書記長として日々奮闘しているのですから、紛れもなく障害者の味方です。

障害者は職場の厄介者ではありません。障害者がいるとトラブルが発生しやすいと考えてしまうのはあまりにも短絡的です。受け入れる職場（健常者）にあと少しの知識があれば、ほとんどのトラブルは防げると私は言いたいのです。障害者を受け入れている職場の多くでは、建前と現実に「ズレ」があります。世の中は障害者をやさしく受け入れるという「建前」が崩れてしまう都合の悪い「現実」が、間違いなく存在しています。その現実を何とかしなければ、いつまでも悲惨なトラブルは続いてしまいます。

私のこれまでの実務経験から言えること。それは、障害者をモンスターにしてしまうのは、職場や同僚の無理解と無関心です。いってみれば、自己防衛の最終手段として、やむを得ず「モンスター化」せざるを得ない障

害者が多いのです。

そのせいで、職場の健常者が不幸になるようでは、自立を目指す障害者も絶望してしまい、どちらも幸せにはたらくことができません。本書は、今後避けることができない「障害者と一緒にはたらく職場」が円滑になるために、本音で書いた本です。誰もが幸せにはたらくために必要なノウハウを詰め込みました。本書へのご意見やご質問には、筆者がすべてお答えします。

誠意を尽くしていたのに悪者扱いされる

紛争事例【精神障害：20代：女性】

「会社でひどいいじめにあった」と書き残し、上場企業に勤めるＡさんが自殺をしたケースです。

彼女の遺書には、加害者として同僚Ｂさん（健常者）の名前が書かれていました。さらに、日記には、障害が理解されず毎日苦しんでいたことや、Ｂさんから言われた言葉に深く傷ついたことが詳細に綴られていました。Ａさんの両親は、会社やＢさんの責任を厳しく追及してほしいと私に懇願していました。

調査した結果、「いじめは存在せず、Ａさんの被害妄想」と会社は結論付けました。「会社としてやれることはやってきた。Ｂも誠心誠意対応していたのに、とばっちりじゃないか！」と担当役員は怒りをあらわにしました。

将来が期待されていた男性社員Ｂさんは、Ａさんの精神障害を理解しようと勉強し、自分の仕事を後回しにしてまで、Ａさんの手助けをしていたそうです。しかし、自殺したときには、Ｂさんの責任も問われました。

「なんで気づけなかった」「たかが障害者一人、面倒見きれなかったのか」

4

と言う人もいたようです。その頃から、Bさんは無口になっていき、とうとう外出できないほどの重い「うつ病」と診断され、退職してしまいました。

「彼の人生も大きく変わってしまった」と役員は悔しそうに話していました。

トラブルの真相は、Aさんの被害妄想なのか、それともBさんにも問題があったのか。どちらが悪いか白黒決着つけることが難しく、お互いの意見や立場が対立したまま話し合いが難航していきます。

「これ以上どうすればよかったって言うんだ！」

話し合いの席で、役員が大声をあげて泣き崩れました。しばらくして「優秀な社員を辞めさせてまで、障害者を雇わなければいけないんでしょうか」と独り言のように私に告げたのです。

嫌われている空気に敏感

これは決して珍しいケースではありません。職場で目が合えば優しく微笑んでいた障害者から、ある日、「いつも笑ってバカにしていた！」と名指しで非難されるのです。

突然の出来事です。予兆も、前触れも、まったくありません。いつの間にか、あなたは当事者としてトラブルの渦中にいます。（足が不自由な、耳の聞こえない）障害者の手助けをしてきたあなたが、です。

「そんな馬鹿なことがあるの？」と思うかもしれません。でも、障害者がはたらいている職場では日常茶飯事の出来事です。私が新聞記者から取材を受けるときに「うまくいっているケースを聞きたい」と言われることが多いのも、障害者を抱える職場では「うまくいかないケースばかり」だからなのです。

5

トラブルは「いつか、必ず起きる」ものと考えておくべきでしょう。

例えば、薬物依存症で精神障害と認定された人が入社してくると考えてみましょう。

その時点で、その人は違法薬物に手を染めた犯罪者ではなく、社会的弱者である障害者に変わっています。その人の、更生や社会復帰に協力しない人は差別や偏見の持ち主と非難されかねません。

ところが、内心では「病気はかわいそうだと思うが、社員として受け入れるのは遠慮したい」と考える人が決して少なくありません。「何をするかわからない人」と受け止める人もいるでしょう。理屈ではわかっていても、現実には納得しづらいのが本音です。

一方の、障害者の多くは、「自分は嫌われているんじゃないか」という強い不安を常に持っています。「煙たがられている雰囲気」に敏感ですから、ささいなことでトラブルの火種は生まれているのです。

障害者がはたらきやすい＝健常者がはたらきにくい

障害者とのトラブルは、健常者側からすると、突然降りかかってきた災難だと感じてしまうほど、「何でそうなるの？　それはないよ」というケースが多くなります。

その理由は、トラブルの内容が必ずと言っていいほど「障害者 vs 健常者」に集約されてしまうからなのです。健常者の労働問題では、上司や同僚・部下との人間関係、賃金、勤務時間、仕事内容と多岐にわたりますが、それとは対照的です。

どうしてそうなってしまうのでしょう。それには次のような事情が考えられます。「障害者がはたらくことは尊いことである」は建前とされています。社会は、有無を言わさず協力する義務を負っています。これは、献身的だったり、思いやりだったりという、いわば倫理的・道徳的なことが法律で一部強制されているという意味です。

当然、日常では健常者が「一歩下がらなければならない場面」は多くなり、結果的に我慢や犠牲を強いることになります。駅で困っている人を手助けするのとは違い、職場では来る日も来る日も何年も毎日、障害者を支援することが求められます。それが「障害者がはたらきやすい＝健常者がはたらきにくい」になりかねないのです。

私たちは人間ですから、忙しくて気が回らない日や、体調が悪かったり機嫌が悪かったりする日もあるでしょう。そんなとき、少しイライラして「自分のことは自分でやって」「そのくらいのことは自分でできるでしょう」と、普段より障害者に強くあたってしまうことはありがちです。

ところが、健常者に「障害者にやさしくできる日と、できない日」があっても、障害者には「手助けを必要としない日」は訪れません。ほとんどの障害者は障害が治ることはありませんから、手助けを必要とすることは健常者の気分や体調と無関係なのです。実際に、「周りに支援してもらうのは、当たり前」と言い切る障害者も少なくありません。

ここから、「障害者の事情 vs 健常者の事情」という対立が生まれてしまいます。

すると、「自分が嫌われている空気に敏感な」障害者は、何かのきっかけで火種を発火させてしまい、ある日「いつもバカにされていた！」とトラブルがはじまるのです。

弁護士も社労士も教えてくれなかった解決法

　私は、障害者からの「助けて！」に応えて、労働組合の代表者として会社と話し合いをします。ところが、会社に行ってみると、「助けてほしいのは会社のほうだ」と言わんばかりの対応をされることが多いのです。

　担当者が口にするのは会社の悲鳴で、「その障害者に関わった何人もが、精神科のお世話になっている」「社員の家庭が壊れてしまった」とまで聞かされる始末です。

　実際、トラブルの現場では、障害者からの様々な要求に振り回される日々に力尽きてしまい、自ら会社を去ってしまう健常者が驚くほど多くいます。すると、これまで一歩下がってこさせられてきた周りの健常者は、仲間が去ったのは「アイツのせいだ」と障害者を敵視してしまいがちです。

　こうしてトラブルは「障害者 vs 健常者」の対立に変化していきます。

　さらにこの対立は、そもそも健常者にとって分が悪いものといえます。なぜなら、障害者は紛れもない弱者で、守られることが前提だからです。

　例えば、職場でミスを繰り返す障害者に「もっと慎重に！」と注意したときに、その注意の調子が強すぎたとトラブルになれば、注意した方が始末書を書かされるケースがあります。もちろん、障害者のミスについては不問にされます。このような、一般常識や筋の通らない一方的に健常者だけに我慢を強いる、「やってられない」と感じてしまう決着が少なくありません。極端な言い方をすれば、障害者との労働トラブルは「健常者だけが被害に遭うトラブル」と言い換えることができるのです。

「障害者問題だけは、どこをどう探しても答えが見つからない」
「会社の顧問弁護士も社労士も、誰一人アドバイスしてくれなかった」

仮にそうだとしても、障害者のせいで「将来有望な社員の人生が狂った」、障害者と同じ職場で「運が悪かった」と愚痴を言っているだけではいつまでたってもトラブルを防げません。

やるべきことは、「トラブルを避ける（解決する）ノウハウ」を身に付けることです。

そして、それは決して難しいことではありません。

障害者と健常者が円満にはたらく職場は、健常者がトラブルに巻き込まれない職場でもあります。トラブルが減ることは、敵視され嫌われる障害者が減ることにもなるのです。それは、結果として「障害者がはたらきやすくなる」ことに、一歩近づくものと確信しています。

障害者関連のノウハウ本は実践に向かない

私は、2013年にある一人の知的障害者の両親から、「わが子を職場の虐待から救えないでしょうか」と相談を受けました。「職場の問題なら労働組合が力になれるはずだ」と思い、いろいろな労働組合を探し回りました。しかし、障害者問題に精通した労働組合は皆無だったのです。そこでやむなく、私自身が障害者専門の労働組合を設立することにしました。障害者専門の労働組合は日本初だったので、設立当初から多くの障害者が加入してきました。同時に、私は多くの労働問題を手掛けることになったのです。

立ち上げた頃の私は、「トラブル解決のノウハウ本」を探して回りました。毎日のように障害者からの相談を受け、自分が担当する労働トラブルを解決するために必死に探したのです。しかし、とうとう見つけることができ

ませんでした。

　労働問題以外を扱った障害者関連の書籍も幅広く読み始めました。そこに書かれていたのは、成功例だけだったり、美談の連続だったりで、現実とはかけ離れたものでした。この種の本が説いているのは、「もっと障害（者）を理解せよ」ということなのです。

　確かに、その通りにすれば障害者が生きやすい世の中になるかもしれません。しかし、無条件に理解して配慮するという、いわば「健常者だけに犠牲を強いる」考え方では職場が機能しませんし、長続きしにくいのです。職場では、労働者として障害者も健常者も公平でなければならないからです。

　また、障害者自身が書いた書籍も読んでみました。その多くは、「自分取扱説明書」でした。自分が快適にはたらくにはこうして欲しいと書かれていますが、会社の業務に貢献しようという姿勢に欠けているように感じました。

　どこかにノウハウがあるとすれば、それは障害者とのトラブルに第一線で解決にあたった担当者個人が持つものです。しかし、担当者は時期が来れば異動になり現場を離れ、ノウハウは後任に引き継がれません。会社としてのノウハウは、蓄積されないのです。

　仮に、蓄積されたとしても、会社は障害者とのトラブルを表沙汰にしたくないと考えますから、社会的に表面化しません。表面化しなければ、ノウハウが社会全体で共有化されることもないのです。

　私はここ数年、各方面に教えを乞いながら経験を重ね、障害者のあらゆる労働問題に応えるだけの態勢を取ることができるようになりました。そ

まえがき

の経験は皆さんの職場で今すぐ役に立つものであろうと思い、本書を執筆することにしたのです。

理由もなく「わがままな加害者」になったり、原因もないのに「邪魔で迷惑な存在」になりたい障害者は職場に一人もいません。

まずは、職場で圧倒的に多数派である健常者の側から意識を変えてみて下さい。そうすれば、少数派である障害者の意識も必ず変わるのです。

（お断り）

※筆者は、身をもって経験した実例から断定的な言い回しを使うことがあります。福祉や医療の専門家ではありませんので、根拠が不十分な内容も含んでいます。

※本書では障害者雇用の現実を理解していただくため、差別的な表現をあえてそのまま掲載している部分があります。

※障害者雇用の問題を理解しやすいように「障害者」「健常者」という分け方をしています。

※本書では「障がい者（障碍者）」という表記をせず、障害者と表記しています。それは表記を変えたところで、問題の解決にならないという信念からです。さらに、「障がい者（障碍者）」という表記はアクセシビリティの問題（視覚障害用自動読み上げソフトが判別しにくい）があります。

※上記の点につきまして、決して差別的な意味で使用していない旨をご理解いただければ幸いです。

目 次

第1章　障害者とはたらく職場………………………………… 13
　　トラブルがどうして突然起きるのか　………………… 13
　　トラブルはますます泥沼化していく　………………… 24

第2章　身体障害…………………………………………………… 37
　　肢体不自由…………………………………………………… 37
　　聴覚障害……………………………………………………… 47
　　内部障害……………………………………………………… 60
　　高次機能障害………………………………………………… 64

第3章　精神障害…………………………………………………… 67
　　どんどん増える精神障害者雇用　…………………… 68
　　うつ病・双極性障害……………………………………… 70
　　統合失調症………………………………………………… 84
　　難病………………………………………………………… 88
　　アスペルガー症候群……………………………………… 90
　　ＡＤＨＤ………………………………………………… 100

第4章　知的障害………………………………………………… 113
　　納得いかないと大暴れしてしまう　………………… 113

第5章　入社から退職まで……………………………………… 127
　　募集・採用………………………………………………… 128
　　配属………………………………………………………… 134
　　評価・査定………………………………………………… 138
　　労務管理…………………………………………………… 143
　　休職・復職………………………………………………… 150
　　退職・解雇………………………………………………… 154

第6章　円満な職場への道……………………………………… 163
　　障害者の被害者意識は想像以上に大きい　………… 164
　　トラブルは必ず解決できる　………………………… 172

第1章　障害者とはたらく職場

　職場で障害者をめぐるトラブルが起こらないようにするには、まず、ト
ラブルがどのように発生して、なぜ泥沼化してしまうのかを知っておくこ
とです。孫子の兵法に「彼を知り己を知れば百戦殆からず」があります。
敵についても味方についてもしっかりと把握すれば、幾度戦っても敗れる
ことはないということです。私たちの場合、敵とは「トラブル」を指しま
す。己とは「職場環境」です。この２つを徹底的に知ることが問題が起こ
らない秘訣なのです。

　そのためには、これまでに起きた実例から多くを学ぶことが大切です。
大切なのは、病気にかかったときに初期の対処が重要であるように、職場
のトラブルも初期の段階でその芽を摘んでおくことです。

　トラブルの兆しをどのように嗅ぎ取るのか、そのあたりを第１章でつか
んでください。

トラブルがどうして突然起きるのか

なかなか理解できない障害者心理

　障害者とのトラブルはある日突然起きます。まるで降ってわいたようで
す。会社側、健常者側には何らの兆候すら感じ取ることができません。

　いったいなぜ、このようなことになってしまうのでしょうか。そこに障
害者特有の心理が働いています。それを理解できなければ突然のトラブル

が跡を絶つことはないでしょう。

トラブルの原因は「私が障害者だから」
解決事例【身体障害：30代：女性】

　ある大手商社で、「障害者差別」に関する大きなトラブルが起こりました。その原因の根幹は、「コップを洗うこと」にありました。「コップを洗うだけのことが、どうして大きな騒動にまでなるんだろう？」そう思われるかもしれません。

　大手商社に勤務するＡさんが、「職場でみんなから差別され、いじめられています。どうか助けてください」と相談に訪れました。まず私は、「いじめられている」具体的なエピソードを聞くことから始めました。ところが、Ａさんから語られるのは「障害者だから、無視された」「上司が冷たいのは、私が障害者だからとしか考えられない」といった内容ばかりで、状況が伝わりません。こうしたやりとりは珍しいことではなく、相談に訪れる障害者からの会社に対する苦情はたいていこのような感じで始まります。

　Ａさんとのやりとりは次のようなものでした。

　私「いきなり無視されるのは考えにくいですね。何かきっかけがありませんか？」

　Ａ「ほんとうに一度、知らん顔されたんです」

　私「そのとき、一度だけですか？」

　Ａ「ええ、まあ。でも上司が冷たいのは本当です」

　私「上司が冷たいと感じたのは、いつ頃からですか？」

　Ａ「入社してすぐです」

私「それは事務的な態度ということではないですか？」

Ａ「そうかもしれません。でも同僚は……」

　このようにＡさんからは「障害者差別の根拠」となる事実を聞き出すことができません。Ａさんが口にしているのは「職場トラブルの原因は、『自分が障害者だから』」ということのようです。極端な人では「障害者の私が優秀だから、面白く思わない健常者がひがんでいるんですよ」と言って話し始めます。こうした人たちは決して少数派ではありません。

　「味方になってください」

　相談に訪れる障害者が必ずといっていいほど口にする言葉です。自分が受けた苦痛への理解者を求める心理状態になってしまうことが、障害者トラブルでは圧倒的に多くなります。「大変でしたね」と言って欲しいのです。

　「誰もわかってくれない」「まともに相手にしてくれない」と思い悩むうちに、本人には「障害者だから」以外にトラブルの原因が見当たらなくなってしまうのでしょう。

発端は周りに引け目を感じる気持ち

　「冷たい上司」くらいどこの会社にもいるでしょう。健常者でも誰だって一度くらい嫌な思いをしているはずです。「誰もわかってくれない」「まともに相手にしてくれない」という職場の悩みは感じたことがない人の方が少ないといっていいでしょう。その程度の悩みなら、たとえ障害者であってもユニオンに訴えてくることはないのです。

　Ａさんにも、心情を理解してほしい以上の訴えがありました。つまり、何か「不公平」だと感じることが根本にあって、その理由がすべて「自分

が障害者だから」になっていたのでした。

　そこで、私はＡさんが「この人（筆者）なら自分の気持ちをわかってくれる」と思い始めた頃、本題を切り出しました。つまり、「Ａさんが、一番不公平だと感じているのはどんなことですか？」と、核心をつく質問を投げかけたのです。「もっとも解決したいことは何ですか？」と、具体的な答えがでてくるように尋ねてみました。

　Ａさんはしばらく考え込んでいましたが、「職場のみんなのコップを、一人で洗わされていることです」と答えたのです。どうやら、トラブルのきっかけは「コップを洗っている」ことのようでした。

　いつの日からか、Ａさんがコップを洗うことが暗黙のルールになっていたようです。

　Ａさんは、そのことに納得がいっていなかったのです。

　実は、「コップ洗い」は、Ａさんが「障害者だから、このくらいやらなくては」と、自発的に始めたことでした。

　ここが、問題の発端です。職場の誰一人として求めてもいない「コップ洗い」を、自分は人より劣っているのだからとの心情から「一歩下がって」行っていたのです。

　しばらくするとＡさんは「誰からも感謝されていない」ことを感じます。それでもＡさんは、少し意地になってしまい、やめられなかったそうです。その不満には誰も気づけません。それを放っておかれ続けたＡさんは、「このくらいやらなくては」から「障害者だからやらされている」に気持ちが変化していきました。

　その後は、障害者だから「ゴミ捨ても自分ばかり、あいさつしても返事されない」と、何年もかけて、毎日少しずつ不満が積み重なり、いわば「何

から何まで気に入らない」心理状態になっていったのです。とうとうＡさんの心境は、「職場ぐるみで障害者差別されている」に変わってしまいました。

　健常者であれば、ここまで問題が大きくなることはないでしょう。少し前のことですが、メガバンクに総合職第1号として入社した女性が、ある朝（たまたま時間があったので）、課内全員にお茶を入れました。そのとき、とても喜ばれたので翌日も行ったところ、なんとなく「当たり前」の空気が流れ始め、「新人女性＝お茶くみ」の印象をみんなが持ち始めたことを彼女は察します。そこで、3日目にはきっぱりやめたのですが、もちろん誰からも苦情はでませんでした。

　同じことがＡさんにもできたはずなのです。「自分の分は、自分で洗ってください！」と言っていれば、簡単に解決していたかもしれません。ある日洗うのをやめたとしても、特に問題にならなかったはずです。

積もりに積もった我慢が爆発

　簡単に解決できそうな「小さな問題」が、障害者には解決が難しい「大きな問題」になることがあります。どうしてそうなってしまうのでしょうか。

　その理由は、障害者の多くが「文句があるなら辞めてもらって結構です。そう言われやしないか」と怖れるあまり口に出せないからなのです。

　「雇ってもらえるだけありがたい」「会社に文句を言うな」と親や兄弟、障害者仲間や支援者から言われ続けています。そのうちに、「障害者はハンディがある。だから我慢しなければならない」と思い込んでしまうのです。

　周りが気づいて声をかけなければ、その不満は表面化しないまま、「我慢」

だけが積み上げられていくことになります。そして、まるで「コップの水があふれるよう」に「これ以上我慢できない！」「許せない！」となり、「障害者だから」トラブルになるのです。

　事情を聞いた周りは「それなら、そのとき言ってくれればよかったのに」と返答してしまいがちです。しかし「言ってくれればよかった」という言葉を、「言わなかったあなたが悪い」と受け取ってしまう人がいます。

　「障害者だから言えなかったのに」言えなかったのが悪い。つまり私が障害者だから悪かったのかとなり、そこから「障害者の気持ちを理解できない職場（会社、上司、同僚）」に飛躍してしまうことがあるのです。

　その状態で上司が訴えを聞いても「障害者だから○○された」「障害者のせいで○○だった」ばかりになってしまいます。どれだけ詳しく話を聞いても、上司には相手が「被害妄想」に陥っているようにしか思えません。そこで「そんなことないですよ。思い違いです」と繰り返したり、なだめたりしてトラブルを収めようとします。

　それがかえって、障害者に「ごまかそうとしている」「相手にされていない」と感じさせてしまうことになり、騒動が収まるどころか激しくなってしまうのです。この頃から、周りが「まるでモンスターだ」と感じ始めてしまい、面倒だと避けてしまう人が少なくありません。

　コップ洗いが原因なら、「そう言えばよかったのに」「誰も、頼んでいないでしょう」と説得するのではなく、「みんな、甘えていた（気づかなかった）。すまなかった」と相手方に歩み寄る。障害者の私でも役に立ちたかったという心情を理解しようとする姿勢。それが障害者の心に伝わります。こうして問題解決の一歩がスタートするのです。

事実、Aさんのケースは、驚くほどあっけなくトラブルが解決しました。Aさんだけに負担をかけ過ぎていると、気になっていた同僚が少なくなかったのです。その中の誰かが、「やらなくていいよ」と一声かけていれば問題にすらならなかったかもしれません。

会社は長年放置しすぎていたと謝罪し、Aさんも快く受け入れたのです。

これでは防ぎようがないじゃないか

「まえがき」から一気にここまで読み進んできた読者の中には、「コップ洗いが発端になった障害者心理は、まえがきの話と矛盾しているのでは？」と感じる人がいるかもしれません。それどころか「どちらのケースも、そもそも防げない問題なのでは？」と思う人もいるでしょう。

「自分は嫌われているかもしれない」そんな空気に敏感な障害者が、普段なら気にならないような些細なことをきっかけに、まるで待ち構えていたように爆発する。さらに、一歩も引かない強気な姿勢が健常者にダメージを与えかねない。そう「まえがき」で書きました。

人の気持ちは単純明快ではありません。障害者の中にもいろいろなタイプの人がいます。誰でもそうですが、それぞれに個性があり、性格や考え方は様々です。また、同じ人でも感じ方や振舞い方が変わることは珍しくありません。それはちょうど、普段は謙虚な人が時として強気に転じることがあるのと同じです。

障害者の中には、「毎度毎度、『すみません・ありがとう』と言いたくない。雇った（同僚になった）責任で世話するのが当たり前だ」と考えてしまう人がいます。

「好きで障害者になったわけじゃない。申し訳なさそうに生きていくな

んてまっぴらごめんだ」と本音を語る人も少なくありません。極端な人で
は、自分の不運を嘆き、まるで健常者を目の敵にするような行動をとって
しまう人も、ごく稀には存在するのです。

　そこまでの心理状態に至ってしまった人にはやむを得ない事情があります。「生まれつきの障害で子どものころからいじめられてきた。そのせいで人を信じることができない」と、多くの障害者が語っています。ある時は世間から冷たく虐げられてきた被害者となり、ある時はむちゃな要求で職場を混乱させる加害者となるのです。

会社にはトラブル解決のマニュアルがない

　これまで、障害者とのトラブルが起こらない対処法を持っている会社が少なからず存在しました。その方法は「障害者問題の極意」とされてきたもので、障害者の間に広く知れ渡っている用語に現れています。

「座敷牢」です。

　牢屋に閉じ込めておけば騒ぎが起きることはない、という発想です。実際に、トラブルになった障害者を、窓もない狭い個室で一日中シュレッター作業をさせたり、出社しなくても給料を払っていたりした会社があったのです。たった一人の障害者のためだけに、新しく事務所を用意した会社までありました。

　そして、対応のすべてが一人の牢番（担当者）のやり方に任されてきました。いわば「世話好き」な担当者と「行き場のない」障害者の、面倒見のよさや我慢強さによって、表面化しないよう処理され続けてきたのです。

　座敷牢方式で対処することは、今日ではもはや限界です。「障害者の受

入れが難しかったので、やむにやまれず」といった理由は通用しないといっていいでしょう。今後は、個人間の努力に依存するのではなく、会社のシステムによって支えられていかなければならないのです。

ところが、現実には、多くの会社が実践的なノウハウを持っていません。大企業でさえ、ペーパー1枚の簡単なマニュアルすら存在しないことも多いようです。

その理由は、担当者個人に任せきりにされてきたトラブルの情報が、「引継ぎ」されないことがほとんどだからです。トラブルがより一層複雑で深刻になっていても、次の誰かが「白紙の状態から」担当することになるのですから、ノウハウの蓄積は期待できません。そして、障害者とのトラブルは「従業員を解雇したり、待遇を改善したりできる立場にはない」普通の社員が担当しますから、強大な権限が与えられているというわけではありません。

ノウハウもマニュアルもない状態で、いってみれば「お前がなんとかしろ」と責任を押し付けられているのが実態です。

そもそも健常者側には勝ち目がない

さて、ひとたびトラブルになれば、それは「健常者が勝てる見込みの少ない」トラブルといえます。実践的なノウハウを持っていないことに加え、次のような理由が考えられるからです。

一つ目が、担当者は、あくまでも業務の「延長線上」でトラブルに対処しているからです。自分の仕事が他にもあるのですから、当然といえば当然です。担当者は「自分の評価を気にしながら」障害者への気遣いに徹し、遠慮がちに、そして我慢に我慢を重ねて対応することになります。

一方、障害者は「今後の人生や尊厳、プライドがかかった大問題」として挑んできます。トラブルに対する「意気込み」が違うと言ってもいいでしょう。

　二つ目は、健常者側がルールに精通していないことです。スポーツの試合にはルールがあります。どちらか一方がルールを熟知して、もう一方がまったく知らないのでは勝負になりません。ルールを知っている者の勝ちです。障害者と健常者の間で起きるトラブルでは、そのようになってしまいがちなのです。

　つまり、障害者からの攻撃に対して健常者が守備の方法を知らないということです。「障害者○○法」のほとんどが健常者に向けて作られたものですが、当事者である健常者の多くはあまり気にしていません。むしろ、障害者だけが知っていればいい法律と勘違いしている人も多いのです。

　一方、障害者の多くはインターネットなどから情報を得て、法律をよく勉強しています。トラブル相談に訪れる障害者の多くが、「会社のしたことは、障害者○○法の○条に違反しているのではないか」と具体的なことを訴えてきます。それどころか、労働基準法や労働契約法に精通している人も少なくありません。

　これでは、片方が完全武装していて、片方は素手で闘っているようなものです。トラブルが起きた時に、健常者が「そんな法律あるの？」では反論すらできません。

どんどん増える障害者とのトラブル

　「障害者とのトラブルなんて、これまで聞いたことがない」「うちの会社はうまくいっている。これからも問題ないはずだ」

　そう思っている人は多くいます。それは、はたらいている障害者が「圧

倒的に少ない」ことが大きな理由といえます。現在、仕事に就いている障害者は、およそ 47 万人に過ぎません。就業人口は 6500 万人程度ですから、障害者の割合は約 100 人に 1 人未満と非常に少数で、そもそも普段から接することが少ないのです。

　しかし、この傾向は徐々に変わりつつあります。厚生労働省の統計では、日本の人口のおよそ 7 ％に相当する約 860 万人が何らかの障害を持っていて、そのうち、仕事に就くことができる障害者は約 300 万人いると推定されています。この人たちの多くが仕事をして自立したいと希望しています。

　これに対して、従業員数が 50 人以上の会社は障害者を雇用する義務がありますが、現時点での実雇用率は 1.9 ％に過ぎません。この数値は法律上の障害者雇用率 2.0 ％を下回っています。法定雇用率は段階的に引き上げられ、2018 年には 2.3 ％に増えると予想されています。このような背景から今後も、はたらく障害者は飛躍的に増え続ける可能性があると考えられるのです。

　これまで、職場で起きたトラブルは、「担当者以外は誰も知らない」で済んでいました。それは、「運のいい」あなたが、知らなかっただけなのかもしれません。

　これからは、はたらく障害者の絶対数が増えるのに比例して、トラブル件数も間違いなく増えていくでしょう。今まで身近に経験したことがなかった人も、トラブルに直面したときのために、普段からの準備や心構えが必要になるのです。

トラブルはますます泥沼化していく

会社の対応が問題を悪化させる

　障害者と会社の間でいったんトラブルが生じると、ほとんどの場合泥沼化していきます。会社側にノウハウがあれば、かなりの部分は避けることができるのですが、ノウハウを有している企業はごく稀です。

　職場で起きるトラブルは、例外なく、長い年月や時間をかけて人間関係が引き起こしてしまうトラブルです。過失の割合を計ったとしたら、どちら側が100％正しい（間違い）と結論付けることは、ほとんど不可能なはずです。立場や見方によって言い分が違い、まったく非のない当事者はあり得ませんし、本当にそうであればトラブルは起きません。

　お互いが解決を目指すべきトラブルは、このような性質の問題であるのに、「会社は一つも悪くない」と言い張って、まるで「取りつく島がない」のです。門前払いを続け、一向に歩み寄りません。これは「会社は何一つ悪くない＝すべて障害者が悪い」という会社側の建前です。これでは、問題の解決すら許しません。

　当事者の障害者には、会社が「障害者は文句を言うな。黙って我慢しろ」

　ここでいうトラブルとは、障害者が職場で差別（虐待）されたと社内外に被害を訴えていたり、就業規則に反する問題行動を繰り返したりしている状態です。また、職場（同僚たち）から、障害者の起こす問題行動に苦情が出ている状態もトラブルと規定します。

第1章　障害者とはたらく職場

と言っているようにしか感じません。そして、激しい怒りから会社を攻撃します。トラブルのきっかけになった同僚に個人攻撃したり、取引先へ嫌がらせしたりと、ありとあらゆる手段で闘うしかないと覚悟します。実際に、会社の機密情報を流出させようとした人や、職場で故意に重大事故を起こそうとした人もいました。

単なる思い違いやコミュニケーション不足だったことが、ここまで深刻なトラブルに発展してしまうのです。

「そこまで会社が困らせられるような理由はまったくない。障害者こそが非常識だ」と思うかもしれません。もちろん、そう考える会社側には一理あります。ただし、そう考えているだけで何も対策をしなければ、トラブルは減らないばかりか、拡大していく一方なのです。

認識の「ズレ」が問題をこじれさせていく

トラブルに直面した会社の対応は、大きく分けると2種類あります。一つ目が、会社がトラブルを把握していないケースです。

「把握していない」というより、実態は、「適切に対処していると思い込んでいる」といったケースが目立ちます。「障害者は多少なりとも不満を言うものだ」で済ませているのでトラブルだと把握できないのです。私は、障害者から「職場で完全に孤立してしまい、まともに仕事をさせてもらえない」という相談をよく受けます。そのようなときには、会社に事実確認することから始めます。ところが、ほとんどのケースで、「完全孤立なんて、ありえません。その障害者はみんなと和気あいあいとやっています。仕事も能力に応じて与えています」と返事が返ってきます。相談内容と事実が一致しないのです。

25

あくまでも会社は「障害者として不利な扱いはしていない。優しく受け入れてきた（建前を守ってきた）」と主張します。「しかし、本人が苦しんでいることは事実なんです」と私が告げてからは、次のような話し合いになっていくケースが多いのです。

会社「いったい何が不満なんでしょうか？」
私　「一日中、何の仕事も与えられないことのようです」
会社「ミスばかりするので、仕方ないでしょう」
私　「他の仕事をさせてみたらどうですか」
会社「どこの部署も受け入れてくれません」
私　「そうであっても、一日中何もさせないのは問題があると言わざるを得ません」
会社「仕事をしていなくても給料は払っています。いったい何が問題なんですか？」

これを繰り返すのですから、話し合いは平行線のままです。何時間も、言った言わないの水掛け論になることもあります。トラブルを把握していないので、お互いの認識に大きな「ズレ」が生じています。

「会社は見て見ぬふりをしているんだ！」こう障害者は私に訴えますが、実は、どちらにも決定的な証拠がないので、話し合いを続ければ続けるほどこじれていくのです。

敵意で対すれば解決するものも解決しない

二つ目は、会社が問題を把握しているケースです。「問題を把握してい

る」とは、別の言い方をすれば、その障害者に対して「手を焼き始めている」ということです。「手を焼き始める」程度ならばいいのですが、実際は、「我慢の限界だ」と感じる状態になっています。

「障害者だったら何をしても許されるのか！」

「障害者の言うことを全部聞いていたら、会社がつぶれる!!」

解決に向けた話し合いの場では、このように激しい怒りをぶつけてくる担当者が少なくありません。「これまで、どれだけ大目に見てやったと思っているんだ！」と、まるで「飼い犬に手を噛まれた」とばかりに私を責めてくる会社もありました。

こうした発言が、名の知れた大企業から飛び出してくるのです。見方を変えると「名だたる大企業が、たった一人の障害者を「ムキになって」責めている」ことになります。会社は問題が起きていることを把握はしても、認めがたいのです。障害者差別（虐待）などの不名誉から会社を守るには敵意で対応するしかすべがないのでしょう。この時から障害者をやさしく受け入れるという「建前」は置き去りにされていきます。

問題を把握していようがいまいが、このような極端な対応でトラブルが解決に向かうことはありません。それでもなお、多くの会社がこのように対応してしまうのには理由があります。それは、会社に解決能力がないからです。

「解決できなくて、こちらも本当に困っています」は、担当者から必ず出る言葉です。職場でトラブルに対処することは、いってみれば業務外の煩わしい事柄の一つに過ぎません。業務外の事項ですから、問題解決のノウハウが会社として築かれることがないのです。

会社からは解決の提案が出てこない

「そろそろ解決する方法を考えませんか?」

こう私が切り出しても、会社からは「いったいどうしろっていうんですか?」と言わんばかりになります。私は、これまで「こういう方法で解決できないか?」と会社側から提案された経験が一度もありません。

そこで、私のほうから、当事者の障害者が求める解決案を提案することになります。「謝罪、退職の取り消し、復職」が主なものです。

「一言あやまってほしいだけ。そう言っていますよ」と謝罪を求めると、「本人の被害妄想に、あやまるわけにはいかないでしょう」と返ってきます。

「悪いことをしてない会社が、なんで謝罪するんだ!」とキレてしまった人もいました。

「(謝罪という形式に強くこだわってしまう)アスペルガー症候群の病状に本人も苦しんでいます。一言あればスッキリするようです」と説明しても、聞く耳を持ってくれません。

「退職の経緯について不満があるようです。取り消せませんか?」と話すと、「健常者を困らせて、職場に迷惑かけたのだから仕方ないでしょう」「満足に仕事をこなせないから当たり前です」と返ってきます。

復職について話し合おうとすれば、「こうなった原因は障害にある。治るとは思えない」「復職しても、また同じことを繰り返すはずです」となってしまいます。

実際に、退職に至った理由を「1から10まですべて障害者側に問題があった」と文書にして送ってくる会社があります。「問題の本質は、障害者からの言いがかり」と決めつけた内容です。会社は、そもそも障害者が勝手にトラブルを訴えているのだから、こちらには解決する義務がないと主張します。

第1章　障害者とはたらく職場

それを読んだ障害者は、烈火のごとく怒り出します。「会社はウソばかりついている！」「私だけを悪者にする見苦しい言い訳を、信じないでください」と、私に懇願してきます。こうして障害者が会社に闘いを仕掛けることになるのです。

経済的事情が事態を悪化させる

一方の障害者側にも、解決を難しくしてしまう事情があります。経済的事情です。

「ここまで揉めたのだから、次の仕事を探せばいいじゃないですか！」

何度か話し合いを続けるうちに、こう言い出す担当者がいます。当事者である障害者にも「早くスッキリして、次の仕事を探したい」と言う人は多いのです。どちらも同じことを言っているようですが、実際には、そうはなりません。

一日も早く、次の仕事を探したいはずの障害者が「二度と同じ思いをする障害者が出ないためにも、負けられない」と言い、「社会や世の中が変わるまで闘う」と言い出します。これらはあくまでも建前で、本音は「辞めたくない。辞めさせるなら何か補償してほしい」という、いってみればお金の話である場合が多いのです。

これでは、まるで「金額を吊り上げるために」障害者側が無理を言ってトラブルを長引かせているとも言えますし、事実、そうなってしまうケースは多いのです。会社に在籍したまま、会社に「精神的苦痛を賠償しろ」と何年も法廷で争っている事例もありました。

ひとたびトラブルになった以上「一歩も引けない」と意地になってしまうのには理由があります。それは、障害者にとっての解決（退職や転職）が、好条件での再就職が難しい現実とともに、生きていくことそのものに結び

29

付いてしまうことです。

　障害者の求人数は確かに多くあります。けれども、希望に見合う会社がないのです。通勤や給料など満足できる条件で新たな職場を見つけることは「狭き門」です。障害への理解や配慮について不安を感じ、二の足を踏んでしまう人が少なくありません。

　そして、転職をこばむ背景の一つに障害者の経済的な事情があります。障害者の収入について、障害年金を受け取りながら仕事をしている人のうち、年収50万円以下の人が30％、年収200万円未満までの人に拡大すると全体の80％に達すると厚生労働省が発表しました。はたらいた収入だけでは満足に生活できない人が多いことが、統計からも明らかになったのです。

　貯金がまったくない。仕事を辞めたら明日からの生活にも困る。そんな人が多いのが障害者の厳しい現実です。そもそも収入が少ないのに医療費がかさんで生活が苦しい。このような経済的事情により、今の会社に「嫌でもしがみつかざるを得ない」のが障害者の事情なのです。

　もちろん、会社には無関係な事情です。会社側は、障害者がまるで「食うに困らないよう、ずっと面倒見てくれ」と言ってきているように感じてしまうのです。

何の障害かを知ることが第一歩

　こうして、お互いが真っ向から対立したまま、トラブルはますます泥沼化していきます。ここで大事なことは、これは会社にとって不毛な闘いだということです。

第1章　障害者とはたらく職場

「障害者が全面的に悪かった」とお互いの間で合意され、会社の主張が全面的に通ることがあるかもしれません。仮にそうなったとして、その過程で会社の得るものは何なのでしょう。

いがみ合う時間ばかりが延々と過ぎていくのですから、当事者やその周囲ではなくとも憂うつな気分で仕事をすることになるでしょう。障害者はますますこり固まって攻撃的になり、職場は疲れ果て一人また一人と力尽きていきます。

休職・退職する人、精神科に通院する人が職場から続出します。

ある日突然始まって、そして泥沼化する。このようなトラブルを避けるには、具体例を知って適切な対処法を身に付け、日々実践することが大切です。

それにはまず、自分の職場にいる障害者が、「何の障害がある人か」を知ることです。「障害者」というひとくくりで捉えるのでなく、「○○障害の人」と認識することから始まります。

次に、その障害の主な特徴とトラブルの傾向を知ります。知識が増えれば、「この場面では注意が必要だ」「これだけは言ってはいけない（してはいけない）」と気づくことができるようになるでしょう。事実、障害特性を忘れて誤った対応をしていたなど、原因やきっかけを自ら作っていたケースが少なくありません。

ちょっとした気づかいに慣れてくると、「このままではトラブルになるかもしれない」という空気を敏感に察知できるようになります。そうなれば、一手先を読んだ対処も決して難しいものではありません。

ノウハウの確立が急務な精神障害者雇用

　特に、精神障害の人に対してはノウハウの蓄積が急務です。精神障害者雇用に慣れている会社はごく少数です。そのため、精神障害の人とのトラブルがどうしても多くなってしまうからです。

　「どう対処すればいいのか、まったく思いつかない」こう悩む会社が少なくありません。過剰に身構えなくても、適切な対処法さえ知っていれば、亀裂の修復も簡単になり、トラブルも防ぎやすくなります。未然に防ぐことができた例を紹介しましょう。

　後に詳しく記述する発達障害の人の多くはコミュニケーションが独特で、こだわりの強さに特徴があります。強いこだわりで、あいまいさを理解できない人に、あいまいな指示をすることは、間違った対応の一つです。そのせいで仕事に支障をきたせば、正しい対応をしなかった健常者側のミスと考えられます。

あいまいな指示で混乱

紛争事例【アスペルガー症候群：20代：男性】

　大手不動産会社に勤務するBさんと、上司Cさん（健常者）とのやりとりを見てみましょう。

　C「Bさん、明日の9時までに、現地に直接集合してください」
　B「現地までは電車、バスのどちらで行けばいいですか？」
　C「Bさんの都合のいい方でいいですよ」

　ここに一つ目のミスがあります。

第1章　障害者とはたらく職場

「ではバスで行きます」とBさんは答えたのですが、30分ほどして「やはり明日は電車で行こうと思います」と連絡がありました。Cさんは「かまいませんよ」と答えましたが、その1時間後に「やはりバスで行くことにします」とBさんは言ってきました。Cさんは「どちらでもいいですよ。Bさんに任せます」と返事をしたのです。

ところが、2時間ほどして「やっぱり電車でもいいですか？」とBさんが言ってきたときには、「Bさん。（最初に答えた）バスのほうが都合いいんじゃないんですか？」とCさんは聞いてしまいました。ここに二つ目のミスがあります。

Bさんは「いや、それはよくわからないですねぇ」と答えます。会話になっていないと感じたCさんは少し「イラっ」として「電車でもバスでもいいです。遅刻だけはしないでください！」と伝えたのですが、翌日、Bさんが現地に来ることはありませんでした。

相手を責めずに自分の対応を顧みる

Bさんは結局現地に来なかったのですから、アスペルガー症候群の人を相手にする以上、Cさんに間違いがあったと考えなくてはなりません。

ここが大事なところです。障害者を責めずに、まず自分の対応を顧みてください。

「しかし、この程度のことでこちらの間違いだと言われたら仕事にならない」そう感じる人もいるでしょう。もちろん、どんな理由があっても、仕事に来なかったBさんを褒めることはできません。しかし、実際にBさんが現地に来なかったことで仕事に支障が出ています。

Bさんを責めるのではなく、Cさんの指示が不適切だったかもしれないと考えてみる。そのように発想を転換しなければ、同じことの繰返しにな

33

ります。いずれはＣさんの監督責任が問われてしまうのです。

　先に正解を言うと、「Ｂさん、明日の『８時50分』に、現地に直接『電車で』来てください」とＣさんが指示する、です。

　この指示なら、Ｂさんは８時50分に現地に来ることができました。なぜそれが正解なのかを理解するためには、障害特性の理解が不可欠です。

　一つ目のミスは、Ｂさんが「都合のいい」というあいまいな表現を理解できない障害だと「忘れていた・知らなかった」ことです。

　普通「都合のいい」に強い意味はなく、どちらでもいい、楽な方法でかまわないくらいのものでしょう。しかし、こだわりが強烈なＢさんは、Ｃさんの言う「都合のいい」が、料金が安いことか、遅刻しないことか、それ以外のことか、どれを指して「都合のいい」というのだろうと考えてしまい頭から離れなくなります。

　料金が安いならバス、遅刻しないなら電車。はて本当にそうだろうか？あいまいな指示はＢさんをこのように混乱させます。「９時までに」が、９時ジャストなのか、８時59分なのかに延々こだわってしまう人もいるのがこの障害の持つ特徴です。

　二つ目のミスは、あいまいな指示に悩むＢさんを、「（最初に答えた）バスのほうが都合いいんじゃないんですか？」とさらに追い込んでしまっていることです。

　「バスのほうが都合いいんじゃないんですか？」とＣさんに聞かれて、「よくわからないですねぇ」とＢさんは答えていますが、それは「バスの方が都合いいかどうかがわからない。（Ｃさんが）なぜ自分を責めるのかがわからない」からなのです。

　Ｃさんの苛立ちを敏感に察したＢさんは、「（あいまいさを理解できない）

障害を責められた」と感じます。障害に配慮のないCさんに失望し、どうせ現地に行ってもつらい思いをするだけと、結局現地に行かないことで自分を守るのです。

なお、本書に出てくる「配慮」という言葉は、普段私たちが使うものとは違う専門用語です。「配慮が足りない」などの、心くばりや他人を気づかうという意味ではなく、職場の障害者に提供しなければならない「義務としての配慮」です。「車イスの人への配慮としてスロープを設置する」のように、必要な対処といった意味で使われます。

コツを知っていれば対処は簡単

指示するときに「8時50分に」「電車で」の一言を付け加えることで、トラブルが防げます。慣れれば誰にでもできることでしょう。これだけのことが、精神障害の人とのトラブルを避けることになるのです。

もし、最初にミスをしていても決して手遅れではありません。Bさんが「電車で行く、いやバスで行く」と繰り返したときに、障害特徴を思い出せれば、「(そうだった!)電車で来てください」とCさんは適切に対処できました。

障害の特徴が日によって大きく変化することはありませんから、一度コツや感覚をつかめれば、適切な対処はそれほど難しいことではありません。

(身体・知的・精神)障害それぞれに独特の特徴、状況や場面ごとのトラブルの傾向を知ることで、問題が起こらない対処法が必ずつかめます。

第2章　身体障害

　第1章では、障害者との間で起きてしまうトラブルの全体像、その原因や理由について触れてきました。ここでは、具体的にどう対処すればいいのかを解説していきます。

　ポイントになるのは、障害者を受け入れた職場が「障害を忘れてしまっても大きな問題にならない環境を作る」ということです。日々の業務に追われる職場では、あまりの忙しさから、同僚が障害者であることを失念してしまうことはよくあることです。障害を意識していないという点ではむしろ自然なことかもしれません。

　ただし、それでは一日中ケアが必要な障害者との間に問題が起きてしまうリスクがあります。そこで重要なのが、「障害を意識しないでも問題が生じない職場作り」なのです。

　障害が違えば職場で求められる配慮は異なってきます。肢体不自由、聴覚障害は最も取り組みやすい障害なのでここから解説していきます。

肢体不自由	障害を隠す。それだけでストレスが激減

「意識していません」はかえって逆効果

　外見から障害者とわかる肢体不自由の人への最も効果的な配慮は、障害箇所を「見えないように工夫すること」です。当たり前と言えそうな対策ですが、きちんと実行されていないことが多いのです。

37

肢体不自由とは、手足などの身体の一部が十分に機能していない人を指します。病気や事故で切断されたり動かなくなったりした人、生まれつき身体の一部が奇形だったり機能を失われていたりする人まで様々です。

　職場では、障害箇所に違和感を覚える人がいても仕方がないかもしれません。そのせいか、その意識を隠そうとして、周りが「誰も障害を意識していません」と強くアピールし過ぎて逆効果になってしまうリスクがあります。

　典型的な例として、Aさんのケースを見てみましょう。

奇形の手に常に視線を感じる

解決事例【上肢奇形：20代：男性】

　「会社は僕の障害を利用しているんです」大手住宅メーカーの資材部に勤務するAさんは、会社に謝罪させてほしいと相談に訪れました。「（私を雇うことで）障害者を雇っている「優しい会社」だとアピールしているんですよ」とまで言っていました。

　生まれつき両手に奇形があるAさんは、二級建築士と行政書士の資格者です。また、自分が使いやすいようパソコンのキーボードを加工して健常者と同等以上の業務をこなしていました。そのAさんが、「会社からスキルを評価されていたのではなく、ひと目で障害者だとわかる目立つ奇形が評価されていた」と絶望して相談に訪れたのでした。

　「お前みたいな障害者が来れば、同情して値引きすると思っているのか！」

　ある日、Aさんが取引先へ価格交渉に訪れた時、相手の社長からそう言われたそうです。「それはひどい」と言った私に、「もっとひどいことも言

われますよ」とＡさんは笑います。Ａさんは「障害者に同情すると思って
いるのか」と言われたときに、「ひどい」と感じるのではなく、会社の考
え方を理解したような気がしたのだと言いました。

　Ａさんは、来客があるたびに自分の手元に注がれる視線を感じており、
「障害者なのに大変だね」と声をかけられることも多かったそうです。「も
う慣れましたよ」と言うＡさんでしたが、常に「障害者としてだけ見られ
ているよう」で嫌な思いをしていたのです。

　Ａさんは、会社が自分を「お涙頂戴の見世物」にしていたのではないか
と思い始め、それが頭から離れなくなっていました。本当はバカにしてい
たのではないか？　影で笑われていたのではないか？　と考え始めたＡさ
んは、会社がわざと社外の人に接する部署に配属したのだと決め付けてし
まったのです。

差別用語はいつでも飛びかっている

　実は、私が最初に会った時のＡさんの第一声は「僕の手、気持ち悪いで
すよね」でした。なぜそんな風に思うのか聞いてみると、Ａさんは「子ど
もの頃からずっと言われ続けてきましたから」と言いました。このような
環境も少なからず影響していたのかもしれません。

　会社との話し合いは難航しました。「誰もそんなこと思っていません
よ！」と担当者はテーブルを叩き、大声で怒りをぶつけてきました。Ａさ
んが本当にそう言っているのか、ユニオンがそう仕向けたのではないかと、
私に問い詰めてくるほどでした。

　しかし、Ａさんが取引先からひどい言葉で侮辱されたことを伝えると、
そのつらさを理解してくれたのです。担当者は「二度とそんな思いをさせ
たくない。どうすればいいか」と真剣に聞いてきました。

私は「障害箇所が見えないようにしてはどうでしょう」と提案しました。現在のＡさんの座席は能力を評価したうえでの配置であり、職場のみんながＡさんの障害を気にしていないことはよくわかりました。だからこそ、障害者であっても健常者と区別なく同じように配置されていました。言い換えると、「私たちはＡさんの障害を気にしていません」というメッセージを意識的に出し過ぎていたのです。しかし、社外の人の視線や言動にまでは気づけていませんでした。

　肢体不自由の人に対する配慮としては、やはり障害箇所を隠せることがカギになります。私の経験上、いわゆる「見えない工夫」はあったほうがいいのです。それには理由があって、決して障害を否定するのでもなく、偏見でもありません。

　実際に、「取引先の社員から『お前みたいなカタワが』と言われ悔しい」と訴える人がいました。生まれつき片足が短い人が「壊れたオモチャみたいで気持ち悪い」と歩き方をバカにされ許せないと相談に来たこともあります。差別用語（発言）は、みなさんが想像している以上に、日常的に飛びかっています。

　障害者に対して心ない発言をする人はいる、と会社は想定しておく必要があります。アルバイトや社外の人のモラルを、会社が完璧にコントロールすることは困難です。目の届かないハラスメントから、障害のある従業員を守るという観点からも、障害箇所が目に触れない座席配置などの配慮はあったほうがいいといえるのです。

　Ａさんには、私が聞いた担当者の話をすべて伝えました。すると「やっぱりいい会社なんですよね」と涙ぐんでいました。Ａさんは、本当は会社

に悪意がないことを知っていたようです。やはりひどい言葉に傷ついていたのでしょう。配属先が変わって外部との接触が減ったＡさんからは、「以前と変わらず、楽しくはたらいている」と連絡がありました。

見た目での判断は禁物

　私たちの見た目に関する判断や基準は、肢体不自由の人に関する限り、あまりにもあいまいなものと言っていいでしょう。例えば、健常者の多くは、車イスの人は重度障害であり、杖で歩ける人は軽度障害だろうと思い込みがちです。

　実は、本来車イスを使うべき重度障害者でも、実生活では段差が大変で不便だと、訓練して杖を使いかろうじて自力歩行できているという人は少なくありません。しかし、当然ですが、障害が軽くなったわけではないのです。

　ところが、車イスでないと邪魔者扱いされ、特に満員電車では乗客から「もっと早く歩け」と言われるなど、嫌な思いをするという話をよく聞きます。車イスでない人でも出勤時間の配慮が必要な場合があるのですが、「車イスじゃないから、大丈夫だろう」との思い込みから気づけないことがあるのです。

　実際に、時差出勤を希望する障害者に「周りの社員に対して示しがつかない」との理由で許可しない会社がありました。それなら早い時間に出勤したいと願い出ても、ビルの警備上の問題で対応できないと断られました。

　「杖を使っているとはいえ、一応歩けるんだから（わがまま言うな）」と言われてしまえば、不満に感じますし、何かのきっかけでトラブルに発展してしまうのです。

　また、腕の不自由な人が重い荷物を運ばされたとトラブルになったケー

スでは、担当者が「当社では重いものは持たせていません」と言い切った
ことがありました。ところが、本人との間で「どこからが重いと感じるか」
を話し合っていなかったのです。

　腰に10数本のボルトが埋め込まれた人と、健常者とでは、重さを感じ
るレベルが違うことは当たり前です。「このくらいなら大丈夫だろう」と
いう思い込みから、その基準が違っていたことに気づけなかったのです。

　車イスではないから普通の出勤で問題ないのか、痛みを感じる重さが何
キログラムからなのか、このような情報は、健常者が考える基準で判断せ
ず、本人からの細やかなヒアリングが不可欠になります。

トイレは隠れた大問題

解決事例【下肢障害：30代：男性】

　肢体不自由の人は、不自由な身体ではない部分にも、問題や苦しみを抱
えています。その代表例はトイレ問題です。会社が想像が及ばなかった問
題からトラブルになった典型例を、Bさんのケースで見てみましょう。

　「職場で障害が理解されず、サボってると陰口を言われつらい毎日です」
大手電機メーカーに勤務するBさんは、職場の環境を改善したいと相談に
来ました。Bさんは、生まれつき脊髄に障害があり下半身がまったく動き
ませんから、生活のすべてで車イスを必要としています。

　Bさんは、会社に自家用車での通勤を認めてもらっていましたし、多少
の段差にも慣れていたのでオフィスでストレスを感じることはありません
でした。能力も責任感も高く評価されていたBさんは、会社で重要な業務
を担当していました。

第2章　身体障害

　そんなBさんが、「つらい毎日」と言うほど悩んでしまったのはトイレ
の問題でした。もちろん会社には多機能トイレがあり、Bさんは優先的に
使うことができていました。しかし、トイレにかかってしまう時間に問題
があったのです。

　Bさんは、尿意や便意の感覚がまったくありません。そのため、周囲に
迷惑をかけたくないとの思いから、日中トイレに行く回数が一度きりで済
むよう、食事や水分摂取をコントロールしていました。「トイレに行きた
くなってきた」と感じることがないので、毎日時間を決めて行っていたの
です。しかし、その1回のトイレに、とても長い時間を費やしてしまいます。

　Bさんも、そのような理由があることを伝えていればよかったのですが、
トイレの話題を自分から話すことが気恥ずかしいとの思いもあったようで
す。Bさんは、いつも同僚に申し訳ない気持ちでいたそうです。

　あるとき、「Bさんって、うまくサボっているよね」と同僚が言ってい
るのを聞いてしまったBさんは大きなショックを受けてしまいます。その
日以来、周りの目が気になって仕事中トイレに行けなくなり、このままで
は体調を崩して会社を辞めることになる、そう心配したBさんは相談に訪
れたのです。

　Bさんのように脊髄に障害がある人のなかには、身体の一部の感覚が完
全に失われている場合があります。トイレの広さや機能ではなく、トイレ
にかかる時間について悩んでいる人は意外にも多いのです。

　Bさんの会社には、同じ悩みを持つ障害者が他にもいました。「そこま
で気にしていなければ、障害者に配慮しているとは言えない」と考えてく
れた会社では、改めて「どうすればBさんたちが気兼ねなくトイレを使用

できるか」について話し合うことを約束してくれました。現在ではまったく問題がないと、Bさんから報告がありました。

薬の副作用にまで考えを及ぼす
解決事例【上肢障害：30代：女性】

　肢体不自由の人のなかには、身体が不自由なだけでなく、それ以外の障害を伴っていたり常用薬の副作用が仕事に影響を与えていたりするケースが少なくありません。「障害のある身体以外に職場で不自由な思いをしていないだろうか？」と考えて、本人に確かめることが重要です。

　都市銀行に勤めるCさんは、難病が原因で上半身が不自由になりました。上半身の自由が利かないのは難病のせいですから、難病そのものから生じる障害も無視できません。こうした点にも配慮をする必要があります。

　Cさんは、「職場で一人だけ隔離されていて、誰に話しかけても無視されている」と相談に訪れました。今では「仕事もさせてもらえない」のだそうです。どうしてそんなことになっているのか経緯を聞いてみました。

　「私がミスばかりするから、みんなに嫌われたんだと思います」

　詳しく話を聞いているうちに、もしかすると本当にそれが原因なのかもしれないと考えたほど、Cさんの、いわば「仕事のできなさ」は深刻でした。仮にそうだとしても、周囲の対応があからさま過ぎなら問題があると考えた私は会社と話し合うことにしました。

　「つらい時は休むよう言っています。無理させていませんよ」と担当者は言いました。

ところが、「Cさんはミスで周りに迷惑をかけてもまったく反省しない」のだそうです。

仕事中に居眠りをしたり、注意されても知らん顔だったりするそうです。

担当者の話しぶりは「同僚から無視されているのは自業自得。障害者だから注意もしにくい厄介者だ」と言わんばかりでした。

私はCさんに、そうなる理由を改めて聞いてみました。するとCさんは、「障害が原因」と言うのです。Cさんは、日によってはあまりに強く痛むので、悲鳴をあげてしまうほどでした。そのため、周りに迷惑をかけたくないと、強い薬を飲んでいました。すると、薬の副作用で居眠りをしてしまう、また、睡眠薬を常用しているせいで日中ボーっとしてしまうこともよくあるようです。

私はCさんに、現在の病状を診断してもらって下さいとアドバイスしました。すると、Cさんの主治医は、病気が進行していて「週に2〜3日の出社にして、通院治療したほうがいい」と診断したのです。

もちろん会社がこれに対応することは、難しいことではありません。実は、総合職として採用されたCさんに「ミスが多いからといって、シュレッダーのような単純作業ばかりさせるわけにもいかないだろう」と会社側が気をつかったため、コミュニケーション不足に陥っていたのです。

これは、身体障害者として採用されたCさんが、薬の副作用から「これまで通りにはたらけなくなった」ケースです。Cさんにすれば、いわば自身の障害は副作用もセットですからどうすることもできません。しかし、コミュニケーションが機能しなければ「障害者だから甘えてる」としか見えませんので、誰からも相手にされなくなってしまったのです。

Cさんのケース以外にも、身体の障害ではなく、精神的なストレスが問題になっているケースはとても多いのです。実際に私が身体障害の人から相談を受けていると、精神障害の人のトラブル相談を受けているように感じてしまうことが少なくありません。

障害者は想像以上にストレスを感じている

　最後に、肢体不自由の人が感じる心理的・精神的なストレスについて触れておきましょう。肢体不自由の人は、健常者が想像する以上のストレスを職場で感じています。周りに迷惑をかけていると感じる人が多いのです。ストレスを蓄積させないためには、定期的な面談などを通じて活発にコミュニケーションすることが欠かせません。

　例えば、手が不自由な人が荷物を運ぶ業務のある部署へ配属されたとします。当の障害者は、力仕事を期待されていないことは理解していても、少しでも役に立ちたいと手伝おうとしますが、それを周りから止められてしまいます。

　「（荷物を持つくらいの簡単なことでも）誰かに頼んでください」と言われ、そのことが心苦しいのだそうです。

　実際に、同僚の負担が増えたり、仕事の効率が悪くなったりしますから、いわば「自分の役立たずぶり」が目立つと感じてしまう人は少なくありません。

　それが積み重なれば心理的な負担になり、「誰も言葉にしないけれど、早く辞めてくれと言われているようなプレッシャー」に耐える毎日を過ごすことになります。

　これに、いつか耐えきれなくなるのです。

　ここから起きるトラブルの原因は心理的・精神的なことですから、会社

が「不自由な身体には負担をかけていない」といくら弁明しても、それは障害者から見た事情とはかけ離れたものなのです。

　職場で肢体不自由の人と円滑にはたらくためには、「一歩先を行く配慮」が大切です。「○○については配慮した。さて、それ以外に困ってることはないだろうか？」と進んで考えてみる。そんな配慮ができれば、円満な職場を長く維持できるでしょう。

　そのためには、当事者との緊密なコミュニケーションが欠かせません。「何かが（どこかが）おかしい」と違和感を感じたときがチャンスです。放っておかず、声をかける。迅速に対処することで、トラブルを解決することが可能になるのです。

| 聴覚障害 | 筆談の活かし方で雲泥の差が出る |

聴覚障害は問題が解決しやすい

　聴覚障害の人と円滑にはたらくために、周りが忘れてはいけない大切なコツが二つあります。その第一は筆談です。それも、できる限り実行してください。これは効果てきめんです。もう一つは、座席の配置です。耳が聞こえないことがハンディにならないような座席上の工夫が必要です。

　聴覚障害者とは、聴覚に障害をもつ耳が不自由な人たちのことで、まったく聞こえない人（全ろう）から補聴器をつければ会話は聞き取れる人、音量ではなく聞こえ方に障害がある人まで様々です。

　一つ朗報があります。聴覚障害は、身体障害のなかでも比較的はたらきやすい障害といえますが、それは職場トラブルが最も解決しやすい障害だ

からです。会社側の配慮がしやすく、他の障害にくらべ採用される率が高いと感じている人が多いかもしれません。

　それでもトラブルがないわけではありません。

賢い筆談でコミュニケーションの向上を

　聴覚障害者には筆談が何より大事です。「聴覚障害者には筆談がコツ」と言われれば、「そんなこと、わざわざ言われなくてもわかっているよ」と思う人も多いのではないでしょうか。しかし、この筆談をどこまでも行うようにすることがコツなのです。

　筆談とは、メモやメールなどお互いに文字を通して意思を伝え合うこと全般を言います。外国人に道を聞かれても言葉がわからず、かろうじて聞き取れた単語からこうだろうと考え地図を書いてあげることなども筆談の一つでしょう。

　音声で話を伝えられない場合に、文字で伝える。それは誰でも考える当たり前の行動です。ところが、頭ではわかっていても、現実はそれが実行されないものです。実際に、職場で筆談が行われなかったばかりに大きなトラブルに発展したり、聴覚障害者とのいざこざが絶えなかったりする職場は少なくありません。

　筆談は、ただ書けばいいというものではありません。そこにはコミュニケーションを育むためのノウハウがあります。それを身に付ければ、問題のほとんどは生じないばかりか、これまでに生じた人間関係の亀裂も容易に修復することができます。

48

第 2 章　身体障害

コミュニケーション不足が人をここまで落ち込ませてしまう
解決事例【全ろう：20 代：女性】

　些細なことが大きなトラブルにまで発展した典型例として、Ｄさんの
ケースを見てみましょう。

　大手証券会社に勤務するＤさんは、業務を正確にこなす仕事ぶりが職場
の仲間から高く評価されていました。夏のある日、美容院に行った翌朝、
出勤したＤさんは同僚から髪型をほめられました。もちろん同僚はいつも
のあいさつとして、ほめただけです。

　トラブルのきっかけはその朝の一言だと、Ｄさんは申告しています。実
はその髪型を気に入っておらず、同僚に「からかわれた」と感じてしまっ
たのです。その日を境に、ことあるごとに周りが侮辱していると感じるよ
うになってしまい、仕事にも影響が出てしまいました。

　思い悩んだＤさんは、数カ月後上司に「みんなが私をバカにしている。
それをやめさせて欲しい」と訴え出ました。上司との面談で、Ｄさんは詳
細に被害を伝えました。事態を深刻に考えた上司は、同僚一人ひとりに「Ｄ
さんをバカにしていないか？」とヒアリングを行い「そのような事実はな
い」と判断しました。

　「考えすぎではないか」とＤさんに伝え、気にしないようにとアドバイ
スしました。

　ところが、Ｄさんは「被害妄想と決め付けられた」と受け取り、相談し
ても会社は何もしてくれなかったとふさぎ込んでしまいました。それ以来、
職場でみんなが笑顔でいれば自分が笑いものにされたと感じ、不愉快に思
う日々が半年以上続きました。

　Ｄさんは、とうとう精神科で「抑うつ症」と診断され、休職してしまい

49

ました。ユニオンに相談に訪れたときには、会社に対する恨みや毎日どれ
ほどつらい日々であったかを訴え、同僚の個人名をあげて復讐したいとま
で訴えていました。

文字を通して相手の話に耳を傾けるのが筆談

　私は、Ｄさんに日記を書いてもらうようお願いしました。入社から現在
までの間で楽しかったこと、仲のいい同僚のこと、最初は箇条書きで書い
てもらいました。私は、Ｄさんの話に耳を傾けるために、たくさんの文字
を通して伝えてもらったのです。

　印象に残っていること、嫌だったこと、つらかったことと書き進めるう
ちに問題の核心に近づいてきました。入社当時には、きちんと行われてい
た筆談やメールでの指示・連絡が、いつの日からか職場で一切行われなく
なっていたのです。

　Ｄさんが相手の唇の動きで何を言っているか理解し、簡単なしぐさでな
んとなくコミュニケーションが取れていたところまではよかったのです
が、それでは完璧な意思疎通にはならず、小さなズレが積み重なって疎外
感を感じていたのです。

　きっかけは髪型のことだとＤさんは申告しましたが、実はニュアンスが
正確に伝わらないもどかしさを長い間我慢していたことでストレスを溜め
込んでいたのが原因でした。何度もＤさんからメールや手紙をもらい、私
からも文章で質問し確認をしていったことで、そのことを理解できたので
す。

　問題が深刻化した原因は、上司との面談の場で筆談が使われなかったこ
とにもあります。筆談を使わずに深刻な相談をしても、正確に意思の疎通

を行うことは非常に困難です。例えるなら「水中でジェスチャーを通して人生相談をする」くらい難しいことです。面談でＤさんの訴えを文字にさせていれば、すぐに解決していたかもしれません。

さらに、上司が同僚一人ひとりに「Ｄさんをバカにしていないか？」とヒアリングをしたことで、Ｄさんがそう感じていることをみんなに知られてしまいました。職場の雰囲気が悪くなり、相談する相手もいなくなっていたのです。

Ｄさんは、同僚がバカにしていないことを知っていました。しかし、視線が合った時の雰囲気や、自分が参加していない会話が聞き取れないために、それを認めることができず苦しんでいたのです。ここから両者の間に大きな溝が生まれ、「抑うつ症」という深刻な健康被害にまで至ったと考えられます。

会社との話し合いを始めたころは、会社の態度もかたくなで解決の糸口を見つけることが難しいと感じました。同僚たちは「絶対に悪口を言っていない」「彼女を侮辱したことなど一度もない！」と強く訴えます。Ｄさんの被害妄想に過ぎないのだから、こちらに対する名誉毀損ではないのかとまで言っていました。

何度も話し合いを重ねて、筆談を省略されたＤさんがどれほど孤独で不安だったかを理解してもらいました。もともとＤさんが職場仲間から信頼されていたこともあって、どうにか解決しました。

会社は聴覚障害に対する配慮不足を認め、職場での筆談や日報など文字による情報伝達を改めて徹底すると約束して文書にしました。復職したＤさんは、精神状態も良好で、元気にはたらいています。

職場の筆談は双方向になりにくい

　会社側が「筆談をきちんとしている」と認識していたとしても問題が起きることがあります。筆談の仕方に工夫がなされていないケースです。常に使わなければならない筆談を、賢く活用できているかどうかには雲泥の差があります。

　筆談は、その他のコミュニケーションと同じように、双方向のやりとりのはずです。自分が書けばその理解のもとに相手が書き、それに基づいて自分が書く。こうした連鎖によって正確な意思疎通が可能になるわけです。

　ところが、職場では事情がやや違ってきます。一般的な人間関係では、お互いが対等な立場ですが、職場は上司と部下の関係で成立しています。そのため、コミュニケーションの流れは「業務を命じる者→指示を受ける者」が圧倒的に多くなります。

　業務を命じる側が健常者で、指示を受ける側が障害者の場合、文字をたくさん書く側が健常者ということになります。ところが、健常者は日常生活で筆談を必要としていないため、そもそも不慣れです。筆談は口頭での指示に比べて手間がかかることから、無意識のうちにはしょったり、不正確な記述をしたりしてしまうのです。

筆談を軽んじてはいけない
解決事例【全ろう：40代：男性】

　大手飲料メーカーに勤務するEさんのケースでは、この点が大きな問題に発展してしまいました。

　Eさんは、職場で細かなニュアンスが伝わらないことで、仕事のミスやトラブルが増えていました。Eさんは周囲に理解されず、相手にされてい

ないと感じることが多くなっていました。ここ数年、仲間はずれにされていると感じ始めていたのです。

そんなある日、会議の予定を知らせるメモがEさんのデスクから落ちてしまいました。

Eさんは会議に出席できず、わざと知らせなかったと思い込んでしまいます。

Eさんの怒りは爆発しました。今まで溜まっていたものが堰を切って流れ出したようでした。Eさんは同僚を誹謗中傷する内容のメールを取引先すべてに送信し、「会社で障害者虐待が日常的に行われている」と公的機関に告発しました。

取引先からは届いたメールに対するクレームが寄せられ、虐待の通報を受けた機関から会社に査察が入りました。職場の混乱は大変なもので、担当者は「どうしていいかまったくわからない。正直頭を抱えている」と苦悩していました。

「職場では筆談による情報伝達をきちんとやっていた。問題なかったはずだ」と担当者は信じ切っていたのです。

聴覚障害者から多くの文字で伝えてもらう

仕事のすべてが「YES・NO」で割り切れるものではありません。仕事においては、「さじ加減」のようなあいまいさが求められる場合もあるでしょう。微妙なニュアンスを共有するには何度もやりとりする必要があります。

例えば、ジェスチャーゲーム（身振り手振りで表現した内容を、見ている人が答える）で、あいまいさを伝えたり感覚を共有したりすることはほとんど不可能です。同様に、健常者側から一方的に筆談で情報伝達しただ

けでは、ニュアンスまでは伝わりにくいのです。

　ニュアンスはお互いに少しずつ歩み寄りながら伝えていくものです。例えば、レポートの書き方をもう少し前向きなニュアンスに変更するよう上司が依頼する場合、部下から「はい。わかりました」との答だけでは、上司が期待する内容に仕上がるか不安でしょう。

　「レポートのどのあたりに積極性が欠けるのか？」「読み手として特に誰を意識するのか？」といった質問が部下から出てきて当然ですし、そのやりとりの中でお互いの考えがわかってくるはずです。

　Ｅさんの場合、上司が筆談で業務の指示をする。それを見たＥさんが、うなずく（首を振る）。職場での情報伝達はこのようにして行われていました。これではニュアンスが伝わりにくいので、仕事のミスにつながりがちです。

　業務で使う筆談は、聴覚障害者側から文字で伝えてもらうことのほうがより重要です。Ｅさんの怒りは最高潮に達していましたが、会社との亀裂が決定的なものにはなりませんでした。筆談の活用がうまくできたからです。

　ユニオンへ相談に訪れたＥさんは当初、「私が長年勤務しているのに社員が手話を覚えないのは差別だ。社員全員に手話習得を義務付けるよう会社に要求してほしい」と強く訴えました。Ｅさんの態度はここまで硬化していたのです。

　私はＥさんに、主張や考え、不満を余すところなく書くようお願いしました。Ｅさんは長い時間をかけて入社当時から現在に至るまで思い当たることをすべて書き出しました。「ここまで自分の問題を人に説明したことはなかった」と言っていました。「書いているうちに、自分の主張や妥協

できそうな点が整理されてきた」と嬉しそうでした。

「今後は、職場で問題が生じる前に、必ずすべてを自分から文字で書いて説明するように」と私がアドバイスすると、Eさんも納得したのでした。

会社との話し合いを重ねた結果、Eさんのキャリアを活かせて、専門用語の使用が少ない部署に配属してもらうことになりました。お互いにわだかまりは残っているようですが、少しずつはたらきやすくなっているとEさんから連絡がありました。

会話するときは相手のペースに巻き込まれない
紛争事例【全ろう：30代：男性】

筆談は最大のコミュニケーション法ですが、筆談以外の会話もなくなるわけではありません。その際のコツをお教えしましょう。それは「伝えよう」として、力が入り過ぎないようにすることです。

化学メーカーに勤務するFさんの話す言葉は、「さ・し・す・せ・そ」が「ちゃ・ち・ちゅ・しぇ・しょ」と聞こえます。生まれつき耳が聞こえない人は、自分の声を確認したことがありません。そのため、聞き取りづらく、ぎこちない話し方になってしまう人が多くいます。例えるなら「サザエさんに登場するタラちゃん」が話す言葉づかいというイメージです。

聴覚障害の人に流ちょうな日本語を求める人はいませんから、ここまでは何の問題もありません。問題はここからです。

同僚たちがFさんに話しかけるとき、幼児に話しかけるような言葉づかいになっていることが多いとFさんは訴えていました。「わざとからかっているんだと思う。僕は知的障害じゃないんです」と胸の内を語ります。

会話は相互的なものですから、どうしても相手につられます。東京生まれの人でも関西弁の人と接するうちに、関西弁になっていたという体験があるでしょう。積極的に、「話をしよう。わかり合おう」と思うあまり、相手を真似た話し方になってしまうのです。

　（手話ではない）仕草によるコミュニケーションも、オーバーになり過ぎればバカにされているように感じるとＦさんは伝えてきました。

　私も以前、聴覚障害の人に対して、「わ・か・り・ま・す・か・？」のような極端にゆっくりとした話し方をしていて、「しゃべり方はこうでも中身は正常な大人です。普通に話してください」と怒られたことがあります。

　積極的になりすぎるなど、接し方に不快感を持ってしまう聴覚障害者はたくさんいます。場合によっては強い恨みをもたれてしまうケースもあるのです。私の場合、ゆっくり話すのをやめて、普通のスピードで話してみたところ、今度は「もう少しゆっくり話してほしい」と頼まれ、調節していきました。そんなやりとりをしてストレスなくコミュニケーションが取れるようになりました。

　相手に求められてから、それに応えるかたちでコミュニケーションを調節していく。この方法が最善です。はじめのうちはぎこちなくても、何とかなるものです。

聞こえなくてもコミュニケーションしやすい配置を

　ここで「筆談」に次ぐ二つ目のコツをお話ししましょう。それは「座席の配置（職場レイアウト）」です。

　聴覚障害の人が座る座席はどこが適切なのか。それを知るには「耳をふさいでみる」ことです。それを実行するだけで、聴覚障害の人がはたらく

第2章　身体障害

環境の一端を垣間見ることができます。相手の立場になって考えることは聴覚障害以外のすべての障害者に当てはまることですが、特に聴覚障害は、「耳をふさぐこと」で簡単に自分の身を聴覚障害者の立場に置き換えることができるので実行すべきです。

　後ろから同僚に話しかけてもらってみてください。何も聞こえないはずです。にもかかわらず、耳が聞こえない人に対して、「○○さん」と呼びかけてから、「そうだ。この人は耳が聞こえなかったんだ」と思い出すような場面は日常的によくあることです。聴覚障害の人を、後ろから見分けて気づくことはできないからです。

　「そんなことが問題になるの？　相手は慣れっこなんじゃないの？」と思いがちですが、それは楽観的過ぎます。トラブルのきっかけは健常者側の「うっかり」にあることが多いのです。

聞こえないことをうっかり忘れてしまう
解決事例【全ろう：20代：女性】

　大手化学メーカーに勤務するGさんのケースが典型例です。

　「お高くとまって、あの女、何様のつもりだ」と男性社員がGさんのことを周囲に言ってまわったのは、昼食に誘ったとき彼女に無視されたと思い込んでしまったことが原因だったようです。

　背後から声をかけられたGさんには、彼の誘いが聞こえていません。人一倍おしゃれに気を使うGさんの容姿もあってか、良からぬ風評が周囲に伝わっていったようです。

　また、Gさんは部署内で知的障害者の指導係をしていました。多くの会社では障害者を同じ職場に配属することがあり、違う障害をもつ人が一緒にはたらいていることはそれほど珍しいことではありません。

57

Gさんの後ろに座っている知的障害者が、「呼んでも返事をしてもらえ
ないから」と用事があるたびにモノをぶつけ始めたのもこの頃でした。誰
も注意せず、まるで冷やかすような行為が次第にエスカレートしてしまい、
職場で明らかないじめが行われていたのです。

　「いじめを止めてほしい」と泣いてユニオンを訪れたGさんは、髪もボ
サボサで疲れ果てていました。聴覚障害を抱えながら大学を卒業し、100
社近い就職活動でやっと決まった就職でしたから、苦情を言って退職させ
られたくないと悩んでいました。これまで誰にも相談できず、我慢するし
かないとGさんは考えていたようです。

　調査した結果、すべてが事実だと知った会社側は大いにあわてました。
大手企業でこのようなことが起きていたわけですから大変な不祥事です。

　担当者は床に頭をこすりつけんばかりに謝罪をし、何とか許してもらい
たいと伝えてきましたが、Gさんもすぐに許すことは難しかったようです。

オフィスの座席は耳をふさぎながら決める

　相談に来たGさんに私は、職場のレイアウトをできるだけ詳しく描くよ
うに頼みました。まずは、最寄り駅からオフィスまでの地図、次にフロア
全体の図、エレベーターから部署までの通路も描いてもらいます。

　部署の図には、入り口や窓、机の並び方、Gさんの席、他の席に座る人
の性別や年令、肩書きやどんな性格の人かまで書いてもらいました。PC、
電話、FAX、コピー機の位置、上司や同僚、部下の座席、通路の位置など
です。

　私は耳をふさぎながら、配置を眺めました。すると、オフィスでのGさ
んの座席配置やデスクの向きに大きな問題があるとわかってきたのです。

第 2 章　身体障害

現状のままでは電話や来客に一人きりで対応する必要がありそうでした。上司や同僚、部下に背中を見せて座っている位置だったので、コミュニケーション不足が起きていることも想像できました。

　Gさんの職場の問題は、「耳が聞こえない」ことをうっかり忘れて、健常者と同じように配置していたことでした。

　「障害を忘れるなんて、ひどすぎやしないか」と思う人がいるかもしれません。

　しかし、日々の業務に追われる身になると、職場でいつも障害を意識することの方が現実的ではないのです。

　他の例を挙げるなら、現在流行になっている、その日座る場所を自由に決める職場は聴覚障害の人には厳しい環境です。会話が聞こえないのですから、いつもと違う視線の中に身を置くと、笑い声が起きるたびに、「笑いものにされた」と感じてしまう人までいます。

　仮に聞こえないことを忘れてしまっても、大きな問題にならないような環境づくりが職場には必要です。Gさんの会社には、背後に人が通るスペースを作らないこと、視線をさえぎるパーテーションを設置することなど、まず簡単な見直しを行うことを提案しました。

　会社の姿勢が誠実だったことに加え、仕事を続けたいGさんの希望も強く、再発防止が徹底されればすべてを水に流すというところまでなんとかたどり着きました。今では元の明るさを取り戻し、元気にはたらいています。

　私の経験では、トラブルが起きる原因は「筆談と座席」この二つに尽きると言ってもいいでしょう。逆に言えば、そこにさえ気をつければ、問題は生じません。職場はいつもにこにこと明るくなるでしょう。

59

| 内部障害 | うつ病の一歩手前が結構多い |

内部障害者の意識は「なりたての身体障害者」

　内部障害の人は、職場では、健常者と何ら変わりがありません。ところが、内部障害者はいったん問題が生じると、そのほとんどが、うつ病一歩手前の「抑うつ状態」に陥ってしまいます。原因は「会社の配慮不足」にあります。

　内部障害とは、心臓や腎臓などの内臓機能に疾患がある人のことで、透析治療を行っている人や、ペースメーカー・人工肛門を使用している人まで様々です。

　病気による日常生活への制限はありますが、内部障害の人のほとんどが健常者と同様の仕事をこなしています。外見はもちろん、内面も健常者と変わらないので、特別な配慮が必要ない障害ともいえます。

　ところが、内部障害者に対しては、特有の工夫ある配慮が求められます。それは、内部障害の人の多くが「自分の障害が、周りに迷惑をかけていないか」と絶えず気にしているからです。必要以上に深刻になる大きな理由が、いわば「障害者になりたての人」なので自分が配慮されることに慣れていないからです。

さりげなく配慮することが効果的
解決事例【内部障害：40代：男性】

　Hさんのケースを見てみましょう。大手家電メーカーに勤務するHさんは、「いつも周りに、迷惑かけてすみませんと言っているうちに卑屈になってしまいました。こんなことも改善できるでしょうか」と深刻な様子で相

談に訪れました。

　Hさんは、腎不全の治療で透析が必要です。病院に行くには、忙しい時間帯でも早退しなければならず、そのたびに職場で「ペコペコ」頭を下げていました。長年そうしていることが苦痛になってきたHさんは、不眠に悩み、病院で「うつ病の一歩手前」と診断されてしまったのです。

　「何が問題なんでしょうか。まったくわかりません」会社との話し合いで、不満そうな担当者が言いました。「Hさんの早退や遅刻も認めていて、職場の人たちもHさんの障害を十分理解しています。これ以上配慮することは不可能ですよ。うつ病なら休めばいいでしょう」と言いました。確かに、その通りです。

　しかし、Hさんと同じ悩みを抱えている内部障害の人は、少なくありません。自分の病気が職場に迷惑をかけていると考え、遅刻や早退のたびに「すみません・ありがとう」と言い続けるうち、「肩身が狭い」と感じてしまうようです。「普段は健常者でも、このときばかりは自分が障害者と思い知る」という人もいます。

　職場には、病院に行くたび当事者からの謝罪や感謝を求める人はいないでしょう。内部障害の人に定期的な治療が欠かせないことは、情報として共有されているはずです。「いちいち気にしなくてもいいのに」と思う人もいるでしょう。

　しかし、それは周りの意識であって、Hさんの気持ちでないのです。長い間これを放っておけば、Hさんのようなケースになりかねません。内部障害の人に「申し訳ない気持ちにさせない」、そんな、さりげない配慮の方法を考えることは、円満な職場をつくるうえで大いに役立ちます。

私がこのことを説明すると、Ｈさんの会社には内部障害の社員が多いことともあって、「なるほど。そこまで配慮しなければ、いつかまた問題が起きてしまう」と言ってくれたのです。

　職場の誰もが気にならない、Ｈさんが気兼ねすることもない方法について、とことん検討していきました。その中で、何か合図を決める方法を思いつきました。つまり、「デスクに『ただいま透析に行っています』と書いたプレートを置き、黙って席を離れる」という、職場も、Ｈさんも、受け入れやすい解決策にしたのです。

　これなら、Ｈさんに用事がある人も、プレートを見て「ああ、そうだった」で済みます。しばらくして、Ｈさんから「私はいったい何を悩んでいたんでしょう」と笑いながら連絡がありましたから、今でもうまく機能しているようです。

オストメイトマークはあえて大きく表示する

　オストメイト（Ostomate）とは、内部障害により、腹部に排泄のための人工肛門や人工膀胱を造設した人のことを言います。オストメイトの人は車イスの人と同様に、多機能トイレを必要としています。

　人工臓器を洗浄したり、緊急の場合に「汚れた服の匂いがなくなるまで」洗ったりするとき、長い時間がかかることを気にする人。見た目では気づかれないので、「元気そうな人がどうして？と思われないか」を気にして障害者用トイレに入りにくいと悩む人。これは内部障害の人に多いストレスです。また、あらかじめ設定しなければ、トイレのロックが一定時間が経過すると自動的に解錠されてしまうことがあるので注意が必要です。

　オストメイトの人がいる職場なら、オストメイトマーク（図参照）を目

立つようにあえて大きく表示しましょう。男性用、女性用の表示と同じ大きさでもいいくらいです。心理的に使いやすくなれば「気恥ずかしい」という余計なストレスを減らせます。それだけで「私は、オストメイトです」と本人が申告しなくて済む、さりげない配慮になります。

図：オストメイトマーク（多くの多機能トイレに表示されていますが、まだ馴染みが薄いせいか、車イスマークに比べると目立ちません）

「多機能トイレを設置してある」では、まだ十分な配慮とは言えません。障害者になりたての人が、会社に的確な配慮を求めることは難しいことです。心理的な負担を感じさせないように、周りが考えてみることが適切な「さりげない配慮」につながるのです。

会社ができないことをはっきり伝える

　内部障害の人を中途採用する場合には、仕事と治療との兼ね合いについて、「最初の面接で」細かく話し合うことが肝心です。本人が求める必要な配慮と、会社ができること、できないことを、具体的に明らかにしていくことがポイントです。

例えば、「火曜日の午前中は必ず出社してほしい（会社ができないこと）」とはっきり伝えることが、病院のスケジュールを変更する（障害者側が対応しやすくなる）ことを可能にします。

細やかな出勤スケジュールや職場の温度管理など、内部障害の人が求めるすべてに完璧な対応をすることが難しい会社は多いでしょう。しかし、会社ができないことをはっきり伝えれば、本人のほうで対応できることが増えていくのです。

最後に、内部障害の病気によっては、過労が命にかかわる危険な場合があります。「危険水域の仕事量」については、本人からヒアリングすることでしか真実を把握できません。これまで私は「危ないケース」を何度も見てきましたが、原因の多くは「失業をおそれ無理し過ぎている」ことにありました。

職場で事故が起きない円滑な関係を築くには、病状が悪化した場合や治療後の復職について、納得や安心が得られるまで徹底的に話し合うことが不可欠です。

高次機能障害　これからどう生きていくかの手助けを

仕事より治療に専念する

高次機能障害の人は、リハビリ就労や制限出社しているケースが多く、職場では医療的なケアが求められます。

高次機能障害とは、交通事故で脳に傷がついたようなケースで「正常に発達した種々の精神機能が慢性的に減退・消失することで、日常生活・社会生活を営めない状態」をいいます。これは、「認知症」の説明と重なる

部分が多く、同様の症状が特徴です。

高次機能障害の人には、記憶障害や注意障害のほかに、「興奮して暴力を振るう」などの社会的行動障害という症状があります。そのため、普通にはたらくことが難しい障害とも言えますから、リハビリ的な就労が多くなります。

高次機能障害の人が新たに採用されることはごく稀で、健常者であった従業員が事故に遭ったケースがほとんどと考えられます。仕事より治療が優先されるケースが多いので、家庭や医療機関と緊密にコミュニケーションしていくことが配慮のカギとなります。

その場合、会社が当事者に代わって、障害年金など医療・福祉的な支援の情報を集めたり、専門家を依頼したりすることが効果的です。交通事故で高次機能障害になった人の「これからの人生を、どう生きていくか」について、会社として協力できることを見つけ出すことが適切な配慮の一つになります。

第3章　精神障害

　精神障害の人を受け入れる職場でもっとも大切なことは、精神障害者雇用に慣れている職場（会社）は一つもない、誰もが不慣れだという心構えです。

　職場に受け入れたものの、どうすればいいかわからなくて何もかも要望に応えていた。喜怒哀楽が激しいので、結局全員が無視してしまっている。適切な対応ができないので、とりあえず個室に押し込めている。このようなケースが、精神障害者がはたらいている職場で珍しくないのが実情です。

　また、当事者から要望を聞いたとしても対処法が見つからない場合もあります。それは、精神障害の人も障害をオープンにしてはたらくことに慣れていないからです。職場に何を伝えればいいかわからない。自分の障害特性をうまく人に説明できない。そんな風に思い悩んでいる当事者が多いのです。つまり、「こうすれば問題が起こらない」という前例そのものが少ないのですから、「これが正解だ」も少ないのです。

　精神障害者雇用の対象となる障害手帳を所持している人には、「精神疾患が原因の人」と、「発達障害が原因の人」がいます。本書では精神疾患の代表例として、うつ病・双極性障害、統合失調症、難病を、そして発達障害では、アスペルガー症候群、ADHD を取り上げます。

どんどん増える精神障害者雇用

性格異常者のイメージを持たない

「どうして会社でキチガイを雇わなければいけないんだ！」私は以前、こんな風に大企業の役員から怒鳴られたことがあります。

「誰かが刺されでもしたら、どうすればいいのか」と、刑事責任能力を気にする担当者も何人かいました。「精神病の人は何をするかわからないから、危険ではないか？」こう考えてしまう人が少なくないようです。

「精神病」という言葉には、どこかおどろおどろしい響きがありますから、「性格異常者」のイメージを持ってしまう人も少なくありません。例えば、「通り魔事件の犯人が、精神病院に通院していた」や、「意味不明の供述をしているので精神鑑定する」といったニュースが流れることがあります。このようなマスコミ報道が原因の一つかもしれません。

確かに、同じ病名の重症患者の中には、意味不明のことを言ったり、暴れたりする人がいることも事実でしょう。しかし、「壁に向かってブツブツ話している」ような、いわば「典型的な精神病患者」は、医師が一般就労が可能だとは診断しません。ですから、そもそも職場で一緒にはたらくことはないと言えるのです。

これに対して、社会に出てはたらいている人は、自分にあった治療方法を見つけていたり、薬に効果があったりして、症状が治まって病状は安定しています。「ほとんど気づかれたことがないですよ」という人も多く、治療を続け病気と上手に付き合いながらはたらいている人がほとんどです。

これから本格化する精神障害者雇用

2018年に「精神障害者雇用が義務化」されます。これは、これまで身体障害者と知的障害者だった雇用義務の対象に、精神障害者が加わるということです。現在でも、雇った精神障害者は雇用率にカウントされますが、法律上での明文化に伴い、2018年からは精神障害者の雇用が脚光を浴びるようになるでしょう。

これに伴い、障害者雇用率がこれまでの2％から2.3％に上がると予想されていますから、雇わなければならない障害者の数が増えることになります。当然ですが、会社は、求人して採用しなければなりません。はたらける身体障害や知的障害の人の多くは既に就職していますから、応募してくるのは精神障害の人ばかりになると予想されます。

なぜそうなると予想できるのでしょうか。

現在、およそ393万人いる身体障害者のうち、33万人がはたらいています。300万人以上が未就労ですが、はたらくことのできる身体障害者は、ほぼはたらいているといえます。これに対して、およそ392万人いる精神障害者では4.2万人しか仕事に就けていません。まだまだはたらける人が仕事に就けていない現状なのです。

実際に、ここ数年、精神障害者の雇用数だけが右肩上がりで急増しています。厚生労働省の発表では、2016年に前年比で約21％増と、年々二桁増加しています。それでも、「はたらけるのに仕事に就けない」精神障害者が多い理由は、職場で「どう扱ったらいいか」の配慮をイメージしにくいからでしょう。

適切な配慮はまだまだ試行錯誤中

2011年にドイツのフォルクスワーゲン社は、従業員のうつ病対策として、「メール停止労使協定」を締結しました。これは、精神疾患対策のみならず、全従業員を対象にしたルールです。業務時間外に仕事のメールが届かないよう決めたもので、「ストレスを減らすには、情報量を制限することが有効」という判断に基づき導入されました。

「この取り決めに、どのくらいの効果があるのか？」ではなく、会社が試行錯誤を重ねながら向き合う「姿勢そのもの」に効果があると思います。

世界のどこを探しても、準備がほぼできている会社は、一社もないでしょう。「うまくいかなくて、当たり前」をスタートラインにして、会社と精神障害者の双方が、円滑なコミュニケーション方法を探していくことがカギとなるのです。

まずは、もっとも患者数が多いうつ病・双極性障害から解説していきましょう。

うつ病・双極性障害　　自殺願望と意気消沈を繰り返す

最大のリスクは自殺

うつ病や双極性障害は「気分障害」と呼ばれる病気で、患者数が多いことが特徴的です。今後、精神障害者雇用の増加に伴って、接する機会も多くなる病名でしょう。

気分障害とは、生活に支障をきたすほどひどく意気消沈したり、人生に傷が付く行為に走るほどハイになったりする状態が長く続くことを言います。症状は様々で、一筋縄ではいかない病気なのですが、多くの人は「風

邪のようなもの」と軽く考えてしまいがちです。気分障害は、薬の飲み忘れや良かれと思ってしたことが逆効果であれば、いつでも再発したり重症化したりしてしまいます。ささいなきっかけで再発を繰り返すことが多い病気なのです。再発した気分障害の人に、最も注意しなければならない最悪のケースが、「自殺」です。

自殺願望とは、死にたいと願うことですが、気分障害の人には常にこの感情が付きまといます。そして、実際に、自殺未遂や自殺に及んでしまう人がいます。会社ができる配慮は、そのことに「いち早く気づいてあげる」ということなのです。

気分障害という病気に特有の特徴を知れば、円滑な職場を作り上げることが可能になります。この病気最大のリスクである「自殺」を予防するには、職場や同僚が再発のサインを見逃さないことがカギとなります。

うつ病の症状が軽くても要注意

まず、うつ病の人の職場での対処法について話を進めます。うつ病は、軽症の人でも簡単に重症化してしまいます。軽症者への対処法も、重いうつ病の人への対処と基本は同じですから、これから書くことは職場にいる多くの「ちょっとうつ気味」の人への対処法にもつながるはずです。

うつ病は、特別珍しい病気ではなく、誰でもなる可能性がある病気と言われています。厚生労働省が実施した患者調査によると、うつ病（双極性障害を含む）と診断された人は、2008年に100万人を突破して、現在でも高い患者数のままです。もちろん、この100万人という数字は、入院中の重症患者や精神障害認定を受けた人だけではなく、軽症患者も含んだ数字です。

「うつ病は心の風邪。まずは休養を」というフレーズを聞いたことがあ

る人も多いのではないでしょうか。これは、うつ病を身近な病気とイメージするのには適切な表現かもしれません。気分が落ち込んだり、やる気が起きなかったりすることは、誰にでも経験があります。そのため、「みんな同じようにはたらいている。精神的に弱くて甘えているだけ」「ズルい人」と思われることも多く、理解されにくいことがうつ病の特徴とも言えます。

重症者は一切の感情がなくなる

ところが、職場にいる障害手帳を持つ「筋金入り」の人に対していわゆる「本当の風邪」をイメージしてしまうと、職場トラブルにつながってしまうと言ってもいいでしょう。なぜなら、うつ病はそれほど生易しい病気ではないからです。

本格的なうつ病とは、「憂うつだ」「気分が落ち込む」などの「抑うつ症状」が長期間続いて、しかも症状が重い人のことをいいます。精神的な症状だけでなく、頭痛やめまいなどの身体的症状が表れる人も少なくありません。寛解（かんかい：完治ではないが、症状が好転しコントロールされた状態）と再発を繰り返し、長年通院治療している人も多くいます。

気分が滅入ったら、健常者の場合、数日で回復することもあれば、何かで気晴らしして気分転換できることもあります。しかし、うつ病の人は、憂うつな状態が最低でも２〜３週間以上続いて、しかも「何をやっても」気分が晴れることはないのです。それでも、その程度ならばまだ軽症者です。特に、うつ病で精神障害と認定されている人は、「会社に行こうと自宅を出たのに、一日中家の周りをグルグルまわってしまう」人や、「一切の感情がなくなり、食事すらしなくなる」人のように重症であるケースが多いと考えられます。

こうした重症者でも病状が落ち着いてくると、社会復帰して職場ではた

らくようになります。普段は問題なく日常生活を過ごしていますが、何か
のきっかけで病気が再発することがあります。そのときに、職場でトラブ
ルを引き起こしてしまうのです。

　私は、うつ病の人から「風邪なんてとんでもない。毎日が死にたい衝動
との闘いです」と教えられたことがあります。「うつ病は、風邪と同じ」
をイメージすると、「放っておけば治る」ような対応になり、自殺などの
深刻な事態を招きかねません。

　「うつ病は、常に自殺と背中合わせ」の病気だと知ることがカギとなる
のです。

　トラブルを未然に防ぐには、「何が原因でうつ病になったか」を聞き出
すことが効果的です。例えば、「責任者としてのプレッシャーに負けた」
が答えなら、あまり責任の重い仕事を担当させることは再発につながりま
す。また、「深夜までの残業が続いて心が折れた」と答える人には、残業
させないといった配慮があったほうがいいでしょう。

強迫観念が自殺へと駆り立てる
解決事例【うつ病：30代：女性】

　実際のケースを見てみましょう。大手製薬会社に勤務するＡさんが、「会
社から退職を迫られて、もう死ぬしかない」と相談に訪れました。Ａさんは、
「体調に問題ないと言っても信じてもらえない。それでも休めと言うのは、
退職させたいからでは」と感じていたようです。

　Ａさんは、大学卒業後に入社した会社でパワハラ被害に遭い、うつ病と
診断されました。拒食がひどく、自殺未遂をして一時入院していたときに
精神障害の認定を受けました。治療のかいあって病状が安定していたＡさ

73

んを、会社は特別な配慮の必要がない、いわば「扱いやすい精神障害者」と認識していたようです。

　Aさんに詳しく話を聞いてみると、「死ぬしかない」どころか、入社後もすでに何度か自殺を企てていたことがわかりました。このまま放っておいては本当に自殺してしまうリスクが高いと判断した私は、急いで会社と話し合うことにしました。

　職場でのAさんは、うつ病だったことを忘れたかのように、普通にはたらいていました。そこに落とし穴がありました。忙しい職場で忙しくはたらくAさんは、相当時間の残業をこなしており、慢性的に睡眠不足の状態にありました。Aさんのうつ病は、長い労働時間と睡眠障害が再発の引き金だったのです。

　ある頃から、Aさんの仕事にミスが目立ち始めます。めずらしく遅刻したAさんに、上司は「疲れているようだから、無理しないで休むように」と伝えました。ところがAさんは「全然大丈夫です」と答えます。

　上司の「無理するな」と、Aさんの「大丈夫です」は、しばらく繰り返されていました。一向にミスが減らないAさんは、周囲から見ても明らかにオーバーワークだったようです。上司は「仕事よりAさんの健康が大切だ。無理するな」と、数週間の休職をアドバイスしたのですが、これがうまく伝わりませんでした。

　Aさんは、このとき「自分のミスが原因で、遠まわしに退職を勧めてきた」と受け取ってしまったのです。その後Aさんは「無理してでも会社に出社しなければ、クビになってしまう」と自分を追い込んでしまいます。日に日に強くなる強迫観念は、とうとうAさんを自殺未遂へと駆り立ててしまったのです。

第3章　精神障害

自分がうつ病と悟られないように振る舞う

　Aさんのような、仕事熱心な性格の人は、あせりや我慢から無理をしてしまうことが多いのです。責任感が強く几帳面な性格から自分を追い込んでしまうので、病状が悪化してしまいます。さらに、周りに「余計な心配をかけたくない」との思いも強く、誰にも悟られず計画的に自殺をしたケースも少なくありません。

　うつ病で10年以上の通院歴があるAさんは、いわば「うつ病のプロ」ですが、「周囲に気づかれないよう振る舞うプロ」でもありました。Aさんに限らず、自分がうつ病だと悟られないように振る舞う人は少なくありません。周囲はこれに騙されて「まあ大丈夫だろう」となってしまいがちです。

　パワハラに負けた過去の自分を悔やみ、「職場に気づかれたら、退職させられる」との強迫観念が強いAさんは、必死に大丈夫だと振る舞うのです。そのため、Aさんの本当の病状について誰かが正確に気づくことは難しいことでした。

　Aさんの「大丈夫です」という言葉を額面通り受け取れない、「あれっ、何か様子が変だな」と感じたときこそ再発を疑ってみるタイミングだったのです。仕事のミスや顔色の悪さといった小さな変化に気づくことで、「大丈夫じゃない」と判断ができます。すると、「無理するな」ではなく「病院へ診察に行くように」と適切な指示を出せます。

　Aさんは、「今の仕事を途中で手放すわけにはいかない」と必死に訴えていました。一方の会社も「Aさんに辞められたら、非常に困ってしまう」と言います。Aさんが、いなくてはならない仕事が多いのだそうです。

　いわば相思相愛ですから、私はAさんに「休めるだけ休んで、復職する

75

こと」、いってみれば「無理をしてでも会社にしがみつくよう」アドバイスしました。

Aさん自身、一定期間休めば病状が落ち着いて、また長くはたらけることを知っていましたから、納得して休職を受け入れました。復職したAさんは「無理しないよう、自分で気をつけながら」元気にはたらいています。

業務転換で気分一新
解決事例【うつ病：40代：男性】

うつ病になった原因を本人が自覚していない場合、「仕事の中身がその人に合っていなかったのではないか」と疑ってみるのも一つの方法です。業務転換によって職場復帰が可能になるケースがあります。

Bさんのケースを見てみます。大手情報処理会社でシステムエンジニアをしているBさんは、「精神障害に配慮がない会社なので、はたらきづらい」と相談に訪れました。Bさんは、以前勤めていた会社で残業が続き、過労で倒れうつ病と診断されています。何をやる気も起きず、自宅からも出られない期間が長かったことで、精神障害と認定されました。「精神障害と認定されたとき、少し気が楽になった」とBさんは言っていました。

その会社は、Bさんが初めての精神障害者採用でした。面接での態度に特に問題がなかったので、「何かあればそのときに対策を考えればいい」として採用していました。Bさんが、会社の配慮がないと訴える内容は「遅刻すると怒られる。怒られると落ち込む。落ち込むとうつがひどくなる」というものでした。他にもBさんは「上司の能力が低いから八つ当たりしてくる」「同僚の無能が目立たないよう手を抜かなければならない」など、愚痴や文句にしか聞こえない話をします。

第3章　精神障害

　このように、うつ病とは関係ないと思える、苦情や要求ばかりを発信する人には、業務のミスマッチを考えてみるべきです。精神障害者を採用する会社では、履歴書を見て、これまでと同じ内容・レベルの仕事を任せることが多いようです。しかし、人によっては以前と同じ仕事を任せることが、「うつ病」に良くないともいえるのです。いったん配属先を変えたり、違う仕事を任せたりすることが、効果的だったケースは少なくありません。

　担当者の話によると、Ｂさんは入社して間もないころから、遅刻や無断欠勤を繰り返していたそうです。遅刻してくるＢさんに、同僚が「そんなことでどうする、頑張れ」と励ましますが、Ｂさんは「だったら、死んでやる」と口癖のように答え会話になりませんでした。

　Ｂさんは、うつ病で「頑張れない」ことに苦しんでいて、「そんなことでどうする」と自分を責めていましたから、その苦しみから逃れるために「死んでやる」と答えてしまうのです。会社を変え気持ちを新たに精神障害者として再出発したＢさんは、同じ仕事を任されたことでうつ病を再発している可能性がありました。

　「だったら、どうして違う仕事をしたいと言わないの？」と思う人もいるでしょう。しかし、「うつ病の原因は、仕事です」とはっきり診断されたわけではありませんから、仕事が変われば治るという自信も持てないのです。

　Ｂさんのケースでは、経歴を尊重したことが、逆に病状悪化のきっかけだったのかもしれないことを会社が理解してくれました。しばらく休職したＢさんは、パソコンから離れた業務で復職しました。Ｂさんからは、「落ち着いてはたらけている」と連絡がありました。

77

双極性障害は人生を壊してしまう病気

次に、双極性障害の人について見ていきましょう。職場での対処法はうつ病の人の場合と似ています。

双極性障害とは、これまで「躁うつ病」と呼ばれていた病気です。「うつ病」と同様のうつ状態があることに加え、うつ状態の正反対である（気分が高まり過剰に活動する）躁状態が現れ、それを繰り返す病気です。両極端な病状が起こるという意味から、双極性障害と呼ばれるようになりました。今のところ原因は完全には解明されていませんが、3分の2の患者が「うつ病」から進行しているとの見解もあります。

双極性障害は比較的治療法が整っているとされる病気で、ほとんどの人が薬のコントロールによって健常者と変わらない生活を送ることができるようになっています。しかし、治療せずに放置していると、躁状態とうつ状態を繰り返しながら、人間関係や社会的信用といった人生のすべてを壊してしまうことも大きな特徴です。特に、躁状態の行動によっては、その人の社会的生命を脅かす重大な病気でもあるのです。

躁状態が軽い人は、「気分が高揚して、眠らなくても平気」「調子がよくて、仕事もはかどる」くらいで、本人も周囲の人も困らない程度です。健常者でも、酒に酔っていたり興奮していたりして、いわゆる「気分がハイ」な状態を経験したことがあるでしょう。軽い躁状態は、それに近いイメージです。

ところが、躁状態が重い人は、自己を損なう行為（アルコール、セックス、買い物や万引きなどの軽犯罪）に依存してしまうケースがほとんどです。一方のうつ状態は、「死にたくなる」症状が重く、実際に生命の危険をもたらすほど重症であるケースが多いのも特徴です。ひどい状態では、入院が必要になるほどです。

仕事や家庭生活に重大な支障をきたし、人生に大きな傷跡を残してしまいかねないほどの激しい躁状態とはどのようなものか、Cさんのケースを見てみます。

躁状態で陥るセックス依存症
紛争事例【双極性障害：20代：女性】

　独立行政法人に勤務するCさんは、「会社に契約を切られたのは、私が嫌われているからです。不当解雇じゃないでしょうか」と相談に訪れました。私はCさんに、「自分が嫌われている」と思い当たる理由を聞いてみました。

　「男性社員を誘惑して、ほとんどの人と肉体関係を持ったのが原因でしょう」とCさんは答えました。職場の飲み会があると、その晩は決まって男性社員をホテルに誘ってしまうのだそうです。しかも、Cさんは、翌日にはそのことを一切隠さずみんなに話してしまいます。

　関係を持った男性社員の妻が会社に乗り込んできたこともあったそうで、Cさんが職場の風紀を乱していると、みんなから「白い目で見られている」そうです。さらにCさんには買い物依存の症状もありました。高価なブランド品をクレジットカードで買い漁ってしまい、支払いができなくなるばかりか、ヤミ金にも手を出していました。「借金の取立てが会社に押し掛けたこともあった」そうです。

　「こんなことしていれば、嫌われても仕方ないですよね」と言うCさんですが、自分が誘惑したことや借金をしたことに「身に覚え」がありません。おそらく「実際にしているのだろう」と想像はできても、実感や記憶がないのでどうしようもないと言います。

　私が相談を受ける双極性障害の人の多くが、「発狂」というキーワード

を使って自分の躁状態を説明します。無計画に高額の買い物をして莫大な借金をしたり、性的逸脱行動に走ったりと、浪費や快楽に熱中してしまう人が少なくありません。

そのような行為をしている自覚もなく、コントロールもできないので、「私が、発狂したときは、○○してしまいます」と他人事のような言い方で説明するしかないようです。

職場でトラブルになっている人のほとんどに、このようなエピソードがつき物です。

Ｃさんのケースは、勝手に薬を飲むのを止めてしまい躁状態のコントロールができなくなっていたことに原因がありました。もちろん、すべての責任はＣさんにあります。

会社は、対応に大きく悩みました。しかし、病気への理解が不足していたこと、誘いに応じた男性社員にも問題があったことを考慮して、Ｃさんだけを責めることはなかったのです。会社は、「Ｃさんの治療過程を家族がフォローすること」を条件として、治療後に復職することを前提での休職に応じてくれました。

医師に決められた薬を飲み始めたＣさんからは、「きちんと通院しているので、間もなく復職できると思う」と連絡がありました。

Ｃさんのケースが典型的ですが、男女関係のもつれや借金など、双極性障害の人のトラブルは、プライベートな部分に及びがちです。すると、会社は「どこまで立ち入っていいか、対処法がわからない」というのが本音のようです。私は、「しばらく休ませて様子を見るのが最善です」とアドバイスしています。

第3章　精神障害

うつ状態では餓死の危険も
紛争事例【双極性障害：30代：男性】

　双極性障害の人は、躁状態だけが問題になるわけではありません。比較的穏やかな時期になるはずのうつ状態にも注意が必要です。

　事実、躁状態を抑えるために強い薬をのみ続け、「うつ状態」がひどくなってしまう人は少なくありません。拒食から餓死する危険があるほどの強い「うつ状態」になってしまことがあるのです。典型例としてDさんのケースを見てみます。

　自動車メーカーに勤務するDさんは、以前「周りがバカばかりだから、会社に行きたくない」と相談に来たことがありました。Dさんの躁状態は「自分には超能力がある」といった誇大妄想が主な特徴でしたが、薬でコントロールすることができていると自己申告していました。Dさんからは、しばらく連絡がなかったので、トラブルなくはたらいているものと思っていました。

　ところが、そのDさんが、ひどくやつれた顔で「死のうとしても、死ねなくて悩んでいる」と相談に訪れたのです。何もやる気が起きないDさんは、しばらく食事もしていなかったようで、「死ぬ前に、自分が会社でどう扱われているか気になる」ので、私から聞いて欲しいと言いました。

　Dさんは、連絡もせずに3カ月ほど会社に行っていませんでした。ところが、会社では「そのうち出社するだろう」くらいで、特に問題視されていなかったのです。大企業らしからぬ対応といっていいでしょう。私は、そうなった理由を担当者に聞いてみました。

　Dさんは、躁状態のときに、同僚の悪口を言ったり「上司が不倫している」と根も葉もない噂話を言い回ったりして、職場を混乱させていたそう

81

です。職場では、「病気が言わせているのだから、気にしないように」との指示が出ていたのです。そんなDさんを同僚たちは面白く思っていません。突然、出社しなくなったDさんは、「これまで好き放題言っていたから、急に恥ずかしくなって逃げたもの」として扱われていたのです。

　その頃、うつ状態に陥っていたDさんは、ほとんど毎日の不眠や強い自殺願望に悩まされていました。さらに、同僚が自分に仕返しするのではという被害妄想もあったようです。

　躁状態の行動で周りに迷惑をかけてしまいながら、ひとたびうつ状態になると、人が変わったようになってしまうのがこの病気の特徴です。担当者はあきれ顔で、「まるで多重人格者ですね」と言っていましたが、会社は、従業員の死亡という事態は避けたいと、対処を約束してくれました。

　Dさんは、会社の休職制度を利用して復職に向けた治療を始めることになりました。躁状態の行動は、対応する一般の社員に大きな負担がかかります。そうなると、「やっと、おとなしくなった」と感じたときに、「やれやれ」という気持ちから何の対処もしないことになりがちなのです。双極性障害の特徴を知り、「急におとなしくなった」は、病状悪化のサインと捉えるべきなのです。

自殺を未然に防ぐ２つのチェック項目

　会社は、「社員の自殺は、会社のリスク」と捉え、自社で起こらないための「リスク管理」と考えて取り組むべきでしょう。それには、再発や重症化を、早いタイミングで見極める必要があります。「いち早く気づける」には、次のようなコツがあります。

　一つ目は、勤怠についてです。気分障害は、「やる気が起きない」こと

も症状です。当然、遅刻や休みが増えてしまいます。そのときに、病気だからと大目に見てしまう会社は多いようです。「無断欠勤が○日続いたら出勤停止」などの就業規則を、少し「冷たすぎる」くらいに、会社が厳格に守ることがポイントです。

「電車が止まってしまった」「親戚の法事がある」などの、自己申告した理由を疑ってみて、明らかにウソをついている場合には、再発や悪化を疑うべきでしょう。

二つ目が、顔色です。といっても、肌つやのことではなく、睡眠についてです。気分障害のほとんどで、初期症状が「不眠」だと知ることがポイントになります。顔色がすぐれなかったり、ミスが目立ったりしたときに、「よく眠れているか」と聞くことで、睡眠薬のせいで「ろれつがまわっていない」などの、様子の違いに気づけるのです。

勤怠不良を見過ごさない、「ちゃんと、眠れているか」と聞くことで、サインを見落とさず、自殺などの大きなトラブルを防ぐことが可能になるのです。

うつ病や双極性障害は、再発したり重症化していたりすれば、はたらくことではなく治療が優先されるべき病気です。会社が「雇った精神障害者」ではなく、「治療が必要な患者」として扱うことが、双方にとって最善だったというケースが少なくありません。

最後に、現在多くの会社が、トラブルのときに直属上司や同僚がそのまま対応しています。気分障害の人とのトラブルでは、「自分が追い込んでいたのか」と考え、「自分のせいでトラブルになった」と思い悩む人は少なからずいるものです。これが続けば、その上司がうつ病になってしいます。事実そういうケースが少なくないのです。

トラブルを解決できないばかりか、「うつ病の連鎖」になりかねない事態を避けるためには、トラブルに誰が担当するかなどの「初期マニュアル」を作成しておくべきです。うつ病や双極性障害の人の、見逃せないサインが現れたときには、病気に関する知識を備えた別の人を担当者にすることが解決に向けたノウハウになります。

統合失調症　病気の再発には何より休養を

幻聴・妄想で支離滅裂になる

　統合失調症の人は、病状が安定してから就職しているケースがほとんどです。訪れる人の相談内容も「もっとやりがいのある業務をさせてもらいたい」や、「給料が上がらない」といった、いわゆる普通の労働相談がほとんどです。

　一般的な労働問題は、本書では詳しく触れません。しかし、うつ病・双極性障害として採用された人のなかに、統合失調症の人が紛れ込んでいることは決して珍しいことではありません。実際に、「うつ病だと思って対策を立てていました。それでもトラブルが起きたのは、本当は統合失調症だったからです」という失敗談を会社から聞くことがあります。

　これまで「精神分裂病」と呼ばれていた統合失調症は、幻覚や妄想という症状が特徴的な精神疾患です。厚生労働省の解説では、生活の障害と病識の障害という特徴を併せ持つとしています。

　生活の障害とは、「耳元で声が聞こえる」という幻聴、ありえない幻覚・妄想から社会生活を営むことも難しくなり、重症患者では「感情や考えがつながらず支離滅裂で、普通の話も通じなくなる」など、普通に生活する

ことが困難になることです。

病識の障害とは、感覚や思考が病気のせいで歪んでいることを自覚できない特徴のことで、自分を病気と認めることができません。そのため、本人が治療を拒否したり、心配する周りを責めたりしがちです。

統合失調症には、意欲低下や感情喪失・引きこもりなどの、うつ病・双極性障害に共通する症状があるため正確な診断が難しいとされています。病名を間違ってしまえば、精神科で治療を続けているのに症状が悪化してしまうケースがあります。また、統合失調症の症状が安定していたはずなのに、不眠が続いたり薬を飲み忘れたりして、実は再発していたというケースも少なくありません。

再発している場合には、早めに気づいて休養を取らせることが、本人にも会社（同僚）にも一番いい対処法です。

くっきり残った首吊りの痕

統合失調症の人の話を聞いていると、「周りから怖がられている」「誰も口をきいてくれない」といった悩みを持つ人が多いようです。これは、「精神分裂」というキーワードが持つ「不気味なイメージ」に原因があると考えられます。

私は、「人を傷つけたい衝動を抑えられない」と悩む統合失調症の人からの相談を受けたことがあります。「いつも耳元で、誰かに命令される」のが原因だと言います。その人は、以前「自分を傷つけるよう命令され、首を吊ったこともある」と、首を横切るようにくっきり残ったミミズ腫れの首吊り痕を見せてくれました。

真剣に話すその眼差しには凄みがあり、一般の人が「不気味で、怖い」と感じる理由の一端を垣間見たような気がしました。

統合失調症の人から、このような妄想や幻聴のエピソードが日常的に話される場合、円滑にコミュニケーションすることはまず不可能と言っていいでしょう。幻覚や妄想は本人にとって真実ですから、たとえ家族や友人が否定しても、本人の考えを変えることはできません。さらに、妄想に従って実際の行動に移してしまう人も少なくないのです。

職場でこのようなエピソードに触れたときには、統合失調症を疑うことがカギとなります。病気の知識が乏しかったことで、病状を悪化させてしまった例として、Eさんのケースを見てみます。

あるはずのない盗聴器は探さない
紛争事例【統合失調症：20代：男性】

大手食品メーカーに勤務するEさんは、データ入力の作業をしていました。仕事の能力や勤怠にも問題がなかったEさんでしたが、「職場で盗聴されている。違法ではないか」と相談に訪れました。さらにEさんは、「同僚が交代で尾行していて、監視されて困っている」のだと言います。

Eさんは、明らかに「統合失調症が再発しているケース」と考えられました。私は、Eさんに「以前に発病したときにも、盗聴器を探したのか」と聞いてみたところ、「自宅を隅々まで探し、家具や電器製品を分解してまで突き止めようとしたのに、見つからなかった」と答えました。「家族が完璧に隠したのだと思う」とEさんは真顔で言います。

この場合、「盗聴器を探して、動かぬ証拠を見つけましょう」と言えば、妄想に付き合ってしまって、それを深めてしまうことになり、病状が悪化します。また、「そんなことは誰もしない。被害妄想でしょう」と言えば、妄想を否定してしまい、「誰もわかってくれない」と孤立させ、こちらも病状を悪化させてしまうのです。

厚生労働省はホームページで、統合失調症の人と日ごろ接する家族に対し「接し方に工夫を。自分の人生を大切に」と呼びかけます。この病気の難しさを物語っています。さらに「統合失調症の人の話を、あまり真剣に聞きすぎると聞き手に精神疾患をもたらす場合があるので、あまり真剣に聞くことは推奨されない」としています。

これは、言い換えれば「真剣に向き合うことで、うつる」可能性があるということです。実際に、普通の社員がトラブルに必死に対応した結果、「うつって」しまい、精神科に通院しているといったケースも少なくありません。

Ｅさんの会社の担当者は「いくら説明してもわかってもらえないので、困っている」と言っていました。説明どころか、全員のデスクを調べさせたり、持ち物を見せたりして、盗聴器がないことをＥさんに納得させようとしていました。会社は、何とかしてＥさんに「そんな事実はない」ことを知ってもらおうと、「盗聴器を探す」ことでＥさんの妄想に付きあってしまい妄想をより強めていたのです。

私は、「会社から、Ｅさんが発病している可能性がある、と家族に伝えるよう」アドバイスしました。予想通り、Ｅさんは「統合失調症を再発している」と主治医が診断したので、治療を優先させるべく長期休職することになりました。

統合失調症の人が発病したときは、家族や医療機関に知らせることが最善の対処法であるケースがほとんどです。精神科医でも対処が難しいとされる病気ですから、職場での対応は「あきらめて」、いったん家庭や医療機関に委ねてみましょう。

| 難　病 | 「さわらぬ神に祟りなし」で事態は悪化 |

仕事を取り上げるのは間違っている

　難病の人に対しては、体調への配慮に加えて心のケアをすることで、円滑な職場を作ることが可能になります。職場では、治療と仕事のバランスについて、当事者と丁寧に話し合うことがカギとなります。

　難病とは、パーキンソン病など「発病の原因が不明で治療方法がなく、後遺症を残すおそれがある病気であり、精神的負担の大きい病気」を言います。国が指定する難病は、現在300種類以上あります。

　問題は、身体上の難病以外に、心の病であるはずの精神疾患特有の症状が、その病気が原因で生じてしまうことです。職場では、「聞いたことがない病気」だからと、いわば「さわらぬ神に祟りなし」的なコミュニケーションをしてしまい、トラブルになってしまうケースが多いのです。

　そのため、「何も仕事をさせてもらえない」や、「あまりにも単純な作業ばかりさせられて悔しい」といった相談が多くなります。典型例として、Fさんのケースを見てみます。

言いにくいことを避けずに話題にする

解決事例【難病：40代：男性】

　大手保険会社で働くFさんは、ある朝、身体の不調を感じて病院に行ったところ、難病の診断を受けました。筋力が失われる身体病状については、治療の効果がありました。しかし、薬の副作用が強く、幻覚や妄想の症状がひどかったFさんは精神障害の認定を受けました。

第3章 精神障害

そのＦさんが、「障害者になったとたんバカにされて、許せない」と相談に訪れました。治療を続けたＦさんの病状は落ち着いていたのですが、会社は簡単な業務へと次々に配置換えをしていました。新しい職場の名刺も作ってもらえず、Ｆさんの元部下だった若い女性が上司になったことを、「バカにされた」と感じていたのです。

担当者は「すべて、Ｆさんの要望に応えた結果だ」と言いました。職場でＦさんが、「少しつらい」と言えば、より簡単な作業の部署へ、「早く帰りたい」と言えば、早退させる。いわば「本人の要望に、すべて応じる」ことで、配慮していると考えたのです。

Ｆさんは、難病で障害者になったことを強く悲観していました。そのせいで、社会人らしからぬ「愚痴」を言っていたに過ぎなかったのです。ところが、会社はそれを真に受けてしまいました。過剰ともいえる配慮に、「何か裏がある」と受け取ってしまったＦさんは、次第に強くなる被害妄想に悩まされていたものと考えられます。

パーキンソン病や筋ジストロフィーなど、難病の従業員を抱える職場では、治療や健康状態だけに目が向いてしまいがちです。ある担当者は「職場で死なれたら困ります」とまで言っていました。もちろん本音なのかもしれませんが、あまりにも過剰な配慮は「職場で浮いた存在」に追いやることになりかねません。

この場合には、お互いが「言いにくいことも、言う」コミュニケーションをすることで、解決策が見いだせます。例えば、営業の最前線で活躍していた人が、ある日突然、難病に認定されるケースも考えられます。これまでのキャリアを活かすことが可能な業務、例えば営業マニュアル作成などの成果がわかりやすい業務を任せることは効果的です。

89

その場合、今までと同じ収入を得られなくなってしまう業務への変更は、想定できうることです。会社は、経済的な問題についても避けることなく、そして私情や同情を挟まず丁寧に話し合うことが、トラブルを防ぐノウハウになります。

　Fさんのケースでは、自分が開拓した顧客の管理を任されたことで精神的に落ち着き、身体への負担が少ないデスクワークをしながら、今も治療を続けています。

アスペルガー症候群 　接し方を間違えると問題噴出

見た目は同じでもまるで人種が違うよう

　アスペルガー症候群は、障害の大まかな特徴をつかめれば、決して付き合いにくい障害ではありません。「空気を読むことができない」、「常識が通じない」と一般に言われるアスペルガー症候群ですが、世間からの関心も高く、その呼び名は比較的よく知られています。その実、どんな障害なのかを知らない人が多いのもこの障害です。

　職場では「対応にとても苦慮している」という声が圧倒的です。空気が読めなくて常識が通じない、いってみれば「人種の違う人」と一緒にはたらくのですから、難しいと感じるのは当たり前です。「とにかく問題が多い。いつも周囲を困らせて迷惑をかけている」と多くの担当者から言われます。

　そもそもアスペルガー症候群とはどのような障害なのでしょうか。医学的には「自閉症スペクトラム」という呼び名に決められましたが、これまで何度も呼び名が変わるほど、専門医でも正確な診断が難しい病気とされています。しかし、職場では「健常者とどう違うのか」を知らなければト

ラブルが起きてしまいます。

その健常者と発達障害の境界線を部屋を「掃除する」で例えてみましょう。簡単に済ませてしまう人から目の届かない細かなところまで綿棒できれいにしてしまう人までを「健常者」と仮定してみます。すると、延々と「掃除グッズ」をきれいにするばかりで、いつまでも部屋を「掃除しない」人が「アスペルガー症候群」というイメージです。

「掃除グッズが汚れていては、部屋をきれいにできない」とは考えるのに、「部屋を掃除していないこと」に気づけない。二つのことの関連や、つながり（連続性）に健常者と違う特異性が存在します。さらに、「延々と掃除グッズをきれいにする」やりすぎといえる執着心（興味）にも独特の特異性があります。このことからコミュニケーションの障害と称される感覚や価値観は、健常者の理解や想像をはるかに超えたものです。

日常会話はスムーズなので障害をすっかり忘れてしまい、思わぬトラブルが起きてしまいがちです。トラブルなくはたらくには、大きな二つの特徴を知っておく必要があります。これから書くコツをつかむことで、コミュニケーションに欠かせないノウハウを身に着けることができます。

次元が違う強烈なこだわり
解決事例【アスペルガー症候群：30代：女性】

第一の特徴は「こだわり」の強さです。健常者の考える「こだわり」とは別次元の、強烈な「こだわり」とはどのようなものなのかを大まかに知ることがカギとなります。

「こだわり」というと、普通は「料理人が食材の産地にまでこだわる」や「部屋の内装は細部にまでこだわった」などの使い方をします。一般的な感覚よりも気を使っていることを表しているというイメージでしょうか。とこ

ろが、アスペルガー症候群の「こだわり」はまったく次元の違うものと言っていいでしょう。例えるなら「何かがひと時も頭から離れない」、もしくは「まったく融通が利かない」という感じです。その違いが、職場で大きな問題を生じさせる原因になってしまいます。

　典型例としてGさんのケースを見てみましょう。大手建設会社に勤務しているGさんは「会社でひどい障害者虐待を受けている。助けてください」と相談に訪れました。Gさんは、「光や温度に過敏体質だと入社時に伝えたのに、わざとブラインドを開けられたり、室温設定が守られていなかったりするのは虐待だ」と訴えていました。

　そのことが原因で体調を崩し、今では会社に行けないことも多いそうです。

　これまで何度も会社に訴えてきたのに取り合ってもらえない、会社や同僚に謝罪させて欲しいと訴えていました。

　私は、彼女が入社の際に提出した「過敏体質を伝えた」書類を見せてもらいました。A4の用紙100ページはあろうかというその書類には、季節によってはサングラスが必要なことや気温に過敏なので配慮してほしいことなどが確かに記されていました。ところがGさんにとって大切なその書類は、その量が膨大だったせいできちんと読まれることがなかったようです。

　Gさんが作成した100ページにも及ぶ「自分の取扱説明書」には、Gさんの生い立ちから家族のこと、趣味や好きな食べ物まで詳しく書かれていました。特に障害と診断されてからは詳細になっていきます。今まで勤務した会社の同僚の個人名を挙げて、その人に何を言われてどう感じたかまですべて記されていました。

Gさんは、作成する行為そのものにこだわってしまったと考えられます。例えば、「空腹」を説明するときに、「お腹と背中がくっつくほど」や、「飢え死にしそう」と一つ二つの例えを加えて説明することはあります。しかし、この障害ではその例えが数十件にも及びます。そのためメールや文書が、健常者が少し気味が悪いと感じるほどに膨大な量になってしまうのです。

気になったことから逃れられない

「室温設定がたった1℃違っていただけですよ」話し合いの席で担当者はあきれたように言いました。さらに、すでに解決済みであり、ブラインドのことも室温のことも彼女の訴えを受けて謝罪し、改善していると言います。もちろん職場でのサングラス着用も防寒着の持込みも許可しているとのことでした。

それなのにGさんは、仕事中に何度も空調の温度を確認しに行ってしまい、仕事をしないことが多かったそうです。上司が「もう済んだことだからいいでしょう」と言っても、室温に関する苦情を繰り返し訴えていました。

会社とすれば、3年も前に解決したことをいつまでも問題にしてくる理由がわからず、腫れ物に触るような対応しかできなかったようです。Gさんの体調が戻るまで、とりあえず休職させようかと検討していたそうです。一方のGさんは、決して会社を許すことはできないと言います。私は、許すことができなければいずれ退職するしか方法がなくなると説明しましたが、「なぜ許さなければいけないのか。なぜ退職しなければいけないのかわかりません」と言ってきました。

私はGさんに「何が許せないのか」をとことん聞いてみました。入社時

に渡したマニュアルが読まれなかったことを許せないのか、書かれたことが守られなかったことを許せないのか、それとも何か他のことを許せないのか。ゆっくりでいいから教えてほしいと頼みました。ところが、Gさんは仕事の不満や上司の悪口を言うばかりで、肝心の「許せない何か」が聞き出せません。今となっては、Gさん自身、何を許せないのかわかっていないようでした。長い時間かかって、「結局、温度が違っていたことが許せなかったのだと思う」と答えてくれました。

　実は、「Gさん取扱説明書」には「ルールを守ることに異常に強くこだわってしまう」と書かれていました。Gさんにとって、たった1℃とはいえ室温設定が守られていないことは重大な事件でした。さらに「そのくらいのことをいちいち気にしないように」と上司から軽くあしらわれたことで、ますます「室温設定」が頭から離れなくなったのです。
　「そのくらいのこと」では済まないGさんは、職場の温度について決められた法律がないか専門的な分野まで調べ始めます。室温が1℃違うと温室効果ガスの排出量がどれだけ増え地球温暖化につながるかまで調べていました。新しい情報を入手するたびに「室温を問題にした私は正しいのではないか」と会社に訴えていたのです。
　Gさんのようなケースは多い事例です。ひとたび何かが気になってしまうと、そのことから24時間365日逃れられない人が少なくありません。残業時間の計算が18時からか18時1分からかを上司に聞いたところ相手にされず、それが頭から離れなくて会社に行けなくなった人。「今日中に書類を提出するよう」にと言われ、「日付けが変わるまでか？　終業時間までか？」にこだわって結局提出できなかった人もいました。
　強い「こだわり」は、「それ以外のことにまったく関心がない」という

第3章　精神障害

ことでもあります。これが興味の特異性です。Ｇさんの場合なら、室温の確認（興味のある分野）については驚異的な集中力と知識を持ち、仕事（興味のない分野）にはやる気を見せないということです。

同じ職場で一緒にはたらく人が、この特徴に共感することは非常に難しいでしょう。周囲から「空気が読めない」と言われてしまう原因がここにあります。

自分が何にこだわるかを知っている

それではどう対応すればいいのでしょうか。私は、本人に聞いてみることだと考えます。特別な聞き方やノウハウは必要ありません。なぜなら、自分が何にこだわってしまうのかを自分で知っている人が多いからです。

Ｇさんに「一度気になると仕事が手につかなくなるのはどんな事ですか」と聞くと、「きちんとルールが守られているか」と答えてくれます。「どう対処すれば、仕事で困るようなことにならないか」聞くと、「すぐに修正されれば大丈夫です」と解説してくれます。

会社には改めて「Ｇさん取扱説明書」を読んで障害を理解してもらい、環境をリセットできれば効果があることを説明して勤務地を変更してもらいました。周囲の顔ぶれも変わったことで、空調温度の問題もようやくＧさんの頭から離れつつあるようです。もともと能力は高いので、仕事もきちんとこなせるようになりました。

一般に、この障害には、白黒はっきりしないことが苦手で、「ここ」や「あれ」のような（指示代名詞）を理解できない人が多くいます。職場では、（意味の広い用語）を使わないことや複数のことを同時に頼まないことを忘れずに実践してください。

仕事では、報告書など文字を使ったやりとりが欠かせません。その場合、

95

ページ数ではなく文字数を制限することが効果的です。指定されなければ延々と書き続けてしまう人がいるからです。また、提出期限の伝え方にもひと工夫あるとトラブルは減らせるでしょう。「月末までに」と伝えると、土日を挟んだ場合は？　夜中の12時までになのか？と混乱します。「31日の17時に、文書で提出してください」と指定すれば対応しやすくなります。このとき「17時までに」としてはいけないことは言うまでもありません。

善し悪しの区別をつけられない

解決事例【アスペルガー症候群：30代：男性】

　第二の特徴は、「常識が通じないこと」です。アスペルガー症候群の人の非常識な価値観とは、例えるなら「やっていいことと悪いことの区別がつかない」といったほうがイメージしやすいかもしれません。

　普通、価値観というと大切にしているところが自分とは違うという意味で「あなたとは価値観が違う」のような使われ方をします。人に親切にすることはいいこと、物を盗むことは悪いことなど、物事の価値や考え方については社会的に広く共有されています。

　ところが、アスペルガー症候群の人は、違う言葉に置きかえなければならないほど独特です。Hさんのケースは特別なものだろうと思われがちですが、これはごく普通に起きてしまう事例です。大手製造業に勤務しているHさんが、「精神障害者として採用された私の障害をまったく理解しないのは障害者差別ではないか」と相談に訪れました。業務の指示がわかりづらく、Hさんがそれを指摘すると怒られてしまうのだと言います。

　ところが、担当者の話はまったく正反対の内容でした。Hさんは、どん

な仕事にも非常に時間がかかり、しかもミスが多いといいます。また、ミスを注意されると「指示の仕方が悪い」「注意の仕方も悪い」と言ってHさんは仕事を投げ出してしまい、会社としても改善する方法が見つからず困り果てていると言います。

健常者のモノサシでは原因が見えない

　会社との話し合いでは、Hさんの言う「障害を理解してもらえない」ことがどこにも見当たりません。むしろ障害を理解して、業務の指示などにも工夫が見られました。私は改めてHさんから詳しく話を聞いてみることにしました。特に、「もしかしたら自分が悪いのではないかと思い当たることがあったら話してほしい」とお願いしました。

　「これは自分が悪いのかもしれない」とHさんが話してくれたのは、履歴書に書いた「ウソ」についてでした。理由を聞いてみると、「書かなければ採用されないから」とHさんは答えました。Hさんは情報処理の資格を持っており、業務経験も豊富と書いていたのです。

　採用されたいからと履歴書に「やや自分を高めて書く」ことはあるでしょう。しかし、「ウソ」を書くことは常識的にはありえない行為です。当然、会社は履歴書に書かれた内容を信じて採用して仕事を任せます。Hさんはここで、「採用されたい」が「ウソを書く」につながっています。もちろん、Hさんは期待された仕事をこなすことができません。すると「できない仕事をさせるほうが悪い」になって、「指示の仕方が悪い」と開き直りにつながり、「障害を理解しない会社は差別だ」につながってしまいます。

　「やってはいけないことが理解できない」障害と知らなければ、周りは対処に困ってしまうだけです。健常者のモノサシで測れば、問題行動には何か別の理由があるはずだと考えてしまい、いつまでも原因が見えないの

です。

　Ｈさんは経歴詐称を会社に謝罪し、会社も障害が原因では仕方がないと理解を示してくれたことで退職にはならずに済みました。改めて能力に見合った職場を探してもらい、課題はあるようですが現在も同じ会社ではたらいています。

体調不良は絶体絶命のＳＯＳ

紛争事例【アスペルガー症候群：20代：女性】

　本章で紹介したケースでわかるように、アスペルガー症候群の人は、周りには「何が何だかわからない」状態でトラブルを引き起こしています。「（当事者のアスペルガー症候群の人が）職場で完全に嫌われています」と担当者がよく口にします。

　当の本人は、周囲とうまくコミュニケーションできない障害にとても苦しんでいます。どうにもならない苦悩をうまく表現できないのです。本人にとっても苦しい障害だと少し知っていれば、何かの時に怒りや嫌悪の感情を抑えることができるのではないでしょうか。

　もう一つ、この障害には健常者の想像が及ばないほどの「ストレスに対する弱さ」という苦しみが伴います。大手物流会社に勤務するＩさんは、「朝まぶしくて会社に行けないから、午後からの出社にして欲しい」と会社に願い出ました。結果、「ふざけるな！」と上司から相手にされませんでした。

　Ｉさんとすれば、目も開けられないほどつらく、通勤中に事故にあっては困るからと真剣に願い出たのです。それが理解されず、自宅療養が必要なほど体調を崩してしまいました。光に極端に過敏で、実際に体調を崩してしまうのですから本人はそうお願いするしかなかったのです。

第3章　精神障害

　一方、健常者は「朝まぶしくて会社に行けないなんてありえない」と考えてしまう人が多いですから、「本当はサボりたいだけなのでは」と思ってしまいがちです。ここでも、健常者の常識とアスペルガー症候群の人の感覚がかけ離れてしまいます。

　極端にストレスに弱いというのは、精神的なことに原因がある場合がほとんどです。周囲のちょっとした態度や言葉に深く傷ついてしまう人が多いのです。ところが健常者の価値観では「ありえない」ことなので、「もっとましな理由を言ってみろ」と問い詰め、さらに追い込んでしまいます。

　体調不良を訴えたときは、医者に行くべき健康問題ではなく、職場（仕事）に関する問題を抱えたSOSと捉えるべきでしょう。人間関係がぎくしゃくしていたり、業務のミスマッチだったりと、別の問題を抱えているケースがほとんどです。

距離を置いて接することが効果的

　Ｉさんは音や匂いにも過敏でした。「仕事中、誰も自分に関わらないで欲しい」という要望もありましたが、会社は「はい、わかりました」というわけにもいきません。Ｉさんは「同じ会社で同じ時間はたらいているのだからコミュニケーションは十分取れている。それ以上は干渉されているようでつらい」と話しました。

　同僚の気づかいを干渉と感じ、ストレスを溜め込んだことでＩさんの過敏症が強くなっていたのです。私は、会社に「少し放っておいて（無視して）みてください」とお願いしました。Ｉさんは、今では「朝がまぶしくてつらいこともなくなった」ようです。

　コミュニケーションを健常者側の価値観で考えると、「もっと仲良くしたほうがいいのではないか」と考えがちです。ところが、「いくらなんでも、

99

よそよそし過ぎなんじゃないか?」くらいが、本人は快適だと感じていることもあります。アスペルガー症候群の人は、いってみれば「ごく少数派の個性的な人たち」なのです。

例えば、異文化を持つ人や風習の違う人は、そうでない人から見るとなかなか理解しづらいと感じるかもしれません。しかし、文化や風習そのものを理解していなくても、そういう人もいるんだと知って存在を認めれば、いずれは気にならなくなるでしょう。

アスペルガー症候群の人と一緒にはたらく人は、言い方を換えれば「少し変わった人だから距離を置いて付き合おう」くらいが適切なスタンスです。そんな感覚で接していれば、トラブルになることも少なくなるでしょう。

ＡＤＨＤ　大切な人すら傷つけたくなる衝動性

子どもの病にかかった大人

ADHD（Attention Deficit Hyperactivity Disorder：注意欠陥・多動性障害）の人に対しては、その特徴を理解して距離感をコントロールすることで、スムーズなコミュニケーションが可能になります。

ADHD は、最近になって名前を聞くようになった障害です。それは、これまで先天的な子どもの障害とされていたのに、病気の解明が進み、大人になってから「実はそうだったんだ」と診断されるケースが増えてきたからです。「大人の ADHD」というタイトルの本が何冊も出版されていることにも現れています。

同じ発達障害に分類されるアスペルガー症候群との違いを明確にするた

めに、「ゲームをする」で例えてみます。すると、アスペルガー症候群の人が「同じゲームを延々とやり続ける」のに対し、ADHDの人は「すぐに飽きてしまい、次々と新しいゲームに手を出す」というイメージになります。

アスペルガー症候群の人が「何かを決めたら、二度と変更ができない」という特徴を持つのに対し、ADHDの人は「決めた何かを、やり遂げることができない」という特徴を持っています。

これは、何かをしている時に「割り込んでくる新しい興味に負けない能力」が欠落していることに原因があります。つまり、「取引先に向かう途中で面白そうな映画を見つけると、映画館に入ってしまう」ことが特徴ですから、はたらく上では「やっかいな障害」だと言えるでしょう。

普通に生活するなら「落ち着きのない子どもっぽい人」で済まされることが、ひとたび職場トラブルとなれば解決を困難にしてしまうのがADHDの人の持つ特徴です。

ADHDの人を取り巻く職場の問題として、以下のものが挙げられます。
① 「○○のほうがいいだろう」と思い込むと、よく考えず気持ちだけで行動に移してしまう。
② 気持ちのコントロールができず、すぐ感情的になる。
③ どのような症状が職場で問題になるのか、まったく理解されないまま採用されている。

ADHDは、（注意欠陥・多動性障害）と日本語に訳されますが、実は、これはわかりにくい表現です。医療現場では、衝動性と多動性・不注意を二大特徴としています。この二つの特徴が、いったいどのようなものかを

知ることがカギになります。

24 時間 365 日衝動的

　まず、ADHD は「衝動性」に大きな特徴があります。例えるなら、24時間 365 日「必ず衝動買いをしてしまい、反省している」状態が続いているというイメージです。会社の用事で銀行に行ったとき、待合席に置いてある雑誌を夢中で読んでしまい、読み終えると用事を忘れて帰ってしまうという、本来の目的と違った行動に移って、そして反省している人たちばかりなのです。

　一般的に衝動性とは、順番を待てなかったり、よく考えずに実行してしまったりすることです。衝動的に「カッとなってしまう」や、衝動買いのように「冷静に考えればいらないものを買ってしまった」と後悔する。健常者も持っているそんな感覚です。

　ADHD の人の持つ感覚は、「絶えず衝動買いをしてしまいたい欲求に駆られている」ようなイメージです。それが、例えば、お店の人から「冷やかし客と思われたくない」と意地になっていたり、商品が「私に買ってもらいたいと言っているみたい」と考えたり、いずれにしても何かに応える形で現れてくるのです。

　ADHD の人は、この「求められていない期待に応えようと、無理をしてしまう」という特徴を併せ持つため、職場でトラブルになってしまうのです。買い物ではない場面でも、「こう振る舞うことを期待されているだろう」や「こう言って欲しいのかもしれない」といったん思い込んでしまうと、どんな無理をしてもそれに応えて、いわば「誰も求めていない期待に、勝手に沿ってしまう」のです。

　ADHD に独特の衝動性とはどのようなものなのか、J さんのケースを見

てみます。

痴漢されたと 110 番通報までしてしまう
紛争事例【ＡＤＨＤ：20 代：女性】

　地方銀行に勤務するＪさんは、「色々あって今は休職中なのですが、会社がいつまでも復職させてくれないんです」と相談に訪れました。Ｊさんは、会社があくまでも復職を拒否するなら不当行為として争ってほしいと訴えます。

　「今は健康状態も良好で、復職にはまったく問題がない」というＪさんの話を信じた私は、会社に復職させない理由を聞いてみることにしました。担当者の話では、これまでＪさんは仕事を正確にこなしており、会社の飲み会に積極的に参加するなど職場にも馴染んでいたそうです。彼女が親睦会を企画し、周囲を誘って開催したこともあったそうです。

　そんなＪさんが、ある頃から豹変してしまったのだと言います。「同僚に痴漢された」とありもしない作り話を自分のデスクから 110 番通報したり、悲鳴をあげて走り回ったり、奇行ともいえる行動を起こすようになったそうです。会社名で勝手に購入した商品を同僚やその実家に送りつけるなどの問題行動も繰り返していました。

　「突然、人が変わったように感じた」と担当者が言うように、どう対処していいかわからず、ひとまず休職させていたそうです。当然、復職にはトラブルを起こさないことが条件になりますが、そもそも原因がわからないのでその確信が持てないのだと言います。

　私は、Ｊさんにも「色々あった」ことを確認しました。するとＪさんは、会社が話した問題行動はすべて事実だと認めました。しかし、理由があるのだと言います。Ｊさんの「努力が水の泡になった大事件」があって、怒

103

りを感じ、自分の身を守るために徹底的に職場を困らせているのだと主張します。「痴漢の加害者扱いされたら、すごく困りますよね」とJさんは嬉しそうに話しました。

実は、Jさんが「怒りを感じ、身を守るため」と言った、気持ちのコントロールができずトラブルを起こしてしまう行為はADHDの人に多く見られる特徴です。健常者でも、衝動的に「カッとなる」ことはありますが、ADHDの人はすぐにカッとなってしまい、その状態が長く続いてしまいます。

突然激しく怒りだしたり、感情のブレーキが効かなくなったりしてしまえば、周りは手に負えません。相手を攻撃することでさらに興奮して収拾がつかなくなってしまい、大切な人でさえ深く傷つけたい衝動に駆られるほどです。

まさかそんな理由だったなんて

私は、Jさんが会社に仕返しをするほどの「大事件」が何だったのかを詳しく聞いてみました。すると、「嫌々参加していた職場の飲み会で、上司から侮辱されたことです」と説明してくれました。

「私、お酒が大嫌いなんです」とJさんは言いました。それでも社会人には付き合いも大切だと考え参加していたのですが、実は大変な苦痛だったそうです。あるとき、上司から「Jさんは本当にお酒が好きだね」と言われたことがとても悔しかったようです。

上司が「お酒が好きだね」と言ったのには理由がありました。それは、担当者が「積極的に参加する」と言ったように、実はJさんから「お酒が飲みたい」と同僚を誘うことが多く、しかも毎回と言っていいほど参加し

ていたからです。

　もちろん会社がＪさんを無理に誘うようなことはありませんでした。「断ることもできたでしょう？」と私が尋ねると、「でも、飲み会に積極的に参加する人のほうが職場で好かれますよね」とＪさんは答えました。

　ADHDの人は、この「○○のほうがいいだろう」と思い込むと、それを演じきってしまいがちです。例えば、「気前のいい人が人気者だろう」と思い込むと、（本人は人気者になりたいわけではないのに）それこそ借金をしてまで周囲におごることで「人気者」を演じてしまいます。ADHDの人の衝動性は、どのような場面でもそうなってしまう特徴があるのですが、そのことは健常者には理解しがたいものです。そのため、周りは本心からの行為であると受けとめてしまいます。

　ところが、「何だか様子がおかしい」ということになっていきますから、いわば「肩透かしを食らったような状態」になってしまいコミュニケーションが壊れてしまいます。Ｊさんの「お酒が飲みたい」に応えて飲み会を開いていたのに、それがトラブルの原因だったと聞かされた担当者は「まさか、お酒が嫌いだったなんて」と絶句していました。

　会社とは何度も話し合いましたが、Ｊさんの家族の希望もあって、結局退職することになりました。すると、Ｊさんは「本当はもっと早くに退職したかった」と言ったのです。「退職すると言い出さない人」が正しいと思い込み、それを演じていたのでしょう。

すぐに退屈し、次のことに興味が移る

　次に、もう一つの特徴である「多動性・不注意」について見ていきましょう。「多動性」とは、落ち着きがないことです。また「不注意」は、集中力がなく気が散りやすいということです。落ち着きがない人は身近にも思

い浮かぶでしょうし、気が散ってしまうことは誰にでもよくあることです。

　ところが、ADHDの人は、いわば「度が過ぎている」ほど、落ち着きがなく集中力がないという特徴があります。実際に、「重要な書類に必ずコーヒーをこぼす」人や、「仕事で一番肝心なものに限って忘れてしまう」人もいるほどです。ADHDの人の多動性は、「一つのことに集中することが難しい。すぐに退屈してしまい、次のことに興味が移ってしまう」という特徴があります。周囲から、「どうしようもなく無責任な人」に見えてしまうことが多いようです。

　また、ADHDの「不注意」は、うっかりでは済まないほどの見通しの甘さや、激しいもの忘れが特徴です。そのため、重要な締切りを守れなかったり、必ず忘れ物をしたりという特徴があります。

　健常者の想像が及ばないほどの落ち着きのなさや集中力のなさ、この特徴についてKさんのケースを見てみましょう。

企画案ばかりで、仕事をやりとげられない

紛争事例【ＡＤＨＤ：30代：男性】

　大手食品会社に勤務していたKさんは、会社を自主的に退職していました。職場で行われた送別会では、みんなの前でお別れの挨拶もしたKさんが、「実はパワハラで追い詰められていて、退職するしかなかった」と相談に来たのです。

　「なんとか退職を取り消して、復職させてください」と必死に訴えるKさんでしたが、詳しく話を聞いてもパワハラを疑うような事実は見当たりません。そこで私は、Kさんが本当は退職したくなかったこと、パワハラ被害を訴えていることを会社に伝えてみることにしました。

　当然ですが、担当者はあっけに取られていました。Kさんの主張に、まっ

たく思い当たることがないと言います。そこで、私はこれまでのKさんの仕事ぶりを聞いてみることで、原因を探そうと考えました。

入社してすぐの頃から、Kさんは次から次へと新商品の企画を提案していたそうです。ところが、企画が通るかには関心がなく、上司からポイントを説明するよう求められると提案を却下してしまいます。しかし、少しするとまた新しい企画を提案していました。

ある時Kさんの企画が通り、Kさんを責任者にしてプロジェクトがスタートしました。ところが発案者であるKさんは、同僚に「面倒臭くなった」と言い出して仕事に取り組まず職場を混乱させました。

改めてKさんに聞いてみたところ、「企画が採用されたので、仕方なく頑張ると言ったんです。内心では、断りきれず無理やり任されたと感じました」と言います。Kさんはそもそも、自分の出した企画が通ったときのことを考えていません。そのため採用されたことが苦痛で無理に任されたと感じ、パワハラと訴えていたのです。

ADHDの人はアイデア豊富で企画力のある人が多いのですが、計画を守れなかったり、すぐに飽きたりしてしまいます。そのため真に受けた周囲を、いわば「ハシゴを外した状態」にしてしまいがちです。「アイデアを思いつくそばから提案する」ことは得意でも、「やりとげることはできない」障害なのです。

時間の見通しがめちゃくちゃ

さらに、プロジェクトの責任者だったKさんは、期限が迫っても同僚に「まだ時間はたっぷりある」と言って仕事に手を付けていませんでした。これは、「過集中」というADHDの人が持つ「特技」に原因があります。

普通の人であれば計画的に予定を立てることができますが、ADHDの人

は「大急ぎでやれば何とかかなるだろう」と楽観的に考えてしまう人が多いのです。「過集中」とは過度に集中することですから、普通なら3時間かかる仕事を1時間で終わらせる良い面があります。このため、「前も短時間でうまくいったから、今度もうまくいくだろう」と楽観的に考えてしまいます。しかし、それが必ずしも、いつもうまくいくわけではありませんから、結果、見通しがめちゃくちゃになってしまうのです。

この「過集中」のもう一つの特徴は、言い訳にも「過集中」になることです。聞いているほうが疲れ果てるまで、何時間でも話し続けることができます。同僚から「そろそろ始めないとまずいんじゃないか」と言われても、Kさんは根拠のない言い訳を延々と話し続けて、「何を言っても無駄だ」と同僚をあきらめさせていました。

Kさんは、自分の企画が通ったことが苦痛で、退職届まで出しました。実は、「退職を願い出ること」もKさんのうっかり出してしまった企画の一つだったので、却下してほしかったのです。そのことに誰かが気づくことは不可能だったでしょう。

Kさんには、会社とのやりとりを詳しく説明して、退職を取り消すことができないことを理解してもらいました。「前向きに受け止め、新しい仕事を探します」と言ったKさんでしたが、それが本心なのかは本人にもわからない苦しい障害なのです。

相手が誰であろうと見境なく傷つけようとする

これまでのケースを見ていくと、ADHDという障害には相当の理解が必要だとイメージできるのではないでしょうか。しかし、イメージできたとしても、それと同時に難しさが際立ちます。「知れば知るほど、どうすればいいかわからない」と感じる人も多いと思います。

ある会社で起きたトラブルでは、当事者の ADHD の人が「何で障害者をいじめるひどい会社と取引するんだ！」と取引銀行に乗り込んで大騒ぎになりました。問題行動の矛先は銀行だけでなく、取引先や関係者のすべてに及びました。それを知った会社側弁護士が「事務所に乗り込まれでもしたら困りますから、本人に弁護士名を言わないでほしい」と私に頼んできたほどです。

ADHD の人は「アイデア豊富で企画力のある人」が多いと説明しましたが、まさにその通りの能力を発揮します。どうすれば相手が嫌がるかのアイデアが次から次へと浮かび、それを手当たりしだい実行に移すのですから、弁護士がそう言ったのにも同情できます。

私が実際に経験したケースについても紹介しましょう。ユニオンに相談に訪れたある ADHD の人が、自分の労働問題の解決の糸口をつかめて、「ありがとうございました」と喜んで帰っていきました。しかし、その夜インターネットにユニオンの悪口をさんざん書き込まれてしまいました。

「ユニオンは頼りになる」と感謝しても、帰り道に「その頼りになるユニオンは、どうすれば困るのかな？」と興味を持ったら最後、実行に移してしまうからです。もちろん、こちらは本当に困ります。ですが、次に来た時には反省して涙ながらに謝ってきますから、怒るわけにもいきません。

私が実践の中で探り当てた秘策

では、このような特徴を持つ ADHD の人と一緒にはたらくには、どのようにコミュニケーションしていけばいいのでしょうか。私が ADHD の人と接しながら探り当てた、いつも実践している方法をお話ししましょう。

まず私は ADHD の人と接するときに、その人が「衝動性」と「多動性・不注意」のどちらが特に強いのかを聞いてみます。ほとんどの人が自分の

109

特性を知っていますから、自身の傾向について説明してくれます。

　「衝動性」が強い傾向の人は、言動や行動が、本心や本音とは正反対である場合が多いと考えられます。ですから、本当の答えにたどり着くまで、いわば「言っていることを信用しないスタンス」で接します。

　「本当は○○です」を見極めるために、「そんなはずないでしょう？」と繰り返し聞いて、「そんなふうに思っていないでしょう」としつこいくらいに問いただします。そのたびに違う答えが返ってくることが特徴ですから、その中から本音を探り当てていきます。

　例えば、「お金の問題じゃない」と言う人には「本当はお金の問題でしょう？」と聞きます。「（自分のことより）他人のことが心配だ」と言う人には、「まず自分のことが一番心配でしょう？」と聞きます。堂々巡りしながらも、結局は、お金のことだったり、自分のことだったりするのです。要するに、「普通に考えたら、そうなるだろう」というところに、本心があることが多いのです。

　「多動性・不注意」が強い傾向の人には、まずは、コミュニケーションを遮断してみます。もちろん、相手にそのことを伝えます。例えば、「次から次へとメールが届くので、こちらから返信しません」と伝えたり、「返信しなくていいメールには返信不要とつけてください」とお願いしてみたりするのです。

　はじめのうちは、それこそ昼夜を問わずメールが送られてきます。それには一切返信をしません。その中から、同じ内容が何度も続くなど、これは回答の必要があるなと判断したときだけ返事をするというイメージです。

第3章　精神障害

　平均すると、私はADHDの人とメールをする場合、3回に1回くらいしか返信しません。例えるなら、「話半分に聞いて、半分しか相手にしない」という接し方です。「ずいぶんひどい人だなあ」と思われるかもしれませんが、コミュニケーションはうまくできていますし、当の本人から「すごく楽だ」と言われることが多いのです。

　「衝動性」や「多動性」は、どちらも「相手がいるから揉める」コミュニケーションの特異性です。一定期間コミュニケーションをとらない、いってみれば「相手がいない状態」になることで、お互いが快適に感じる距離感を見つけやすくなるのです。

「最初はまともに取り合わない」のが正解

　ADHDの人自身が、「（将来的に）会社とトラブルを起こしたくない。どうしたら防げますか」と相談に来ることがあります。自分のADHDがいつか職場でトラブルを招くはずだと心配しているのです。

　私は、そのようなとき（もちろん本人の同意を得て）、会社に「○○さんが何か言ってきても、一度目はまともに取り合わないで下さい」とアドバイスします。そうすることで長くはたらけている人が大勢います。適切な距離感を保つことがADHDの人には何より重要なのです。

　本章で紹介したJさん、Kさんのケースを考えてみましょう。どちらのケースも、障害の特徴を理解したうえで、「まともに取り合わない」というノウハウがあればトラブルにならなかった可能性があるのです。

　Jさんのケースでは、Jさんが望むので会社は多いときには週に3回も飲み会を開いていました。まるで、Jさんに対する「おもてなし」や接待のようでした。「いくらなんでも回数が多すぎます」と私から担当者に伝

えたほどです。飲み会はアフターファイブですから、Jさんの要望を真に受けず普通の社員と同じように接していれば問題は起きなかったかもしれません。

　Kさんのケースでは、いつでも企画を提案できる、いわば「風通しの良い職場」がトラブルの原因と言っていいでしょう。会社の「社員のやる気に応える姿勢」が、結果的にKさんを追い詰めていました。Kさんは、次から次へと新しい企画を提案してくる。その頻度があまりにも多すぎると感じたときに、「まともに取り合わない」を意識した対処をするべきだったでしょう。

　実は、ADHDの人を取り巻く問題はこれだけではありません。ADHDの人たちは、職場や同僚に大きな迷惑をかけてしまいがちですが、本人は後悔や反省ばかりの苦悩する毎日を過ごしているのです。

　「どうして、お世話になったあんないい人にひどいことをしてしまったんだろう」そう言って泣き出してしまう相談者を、私は何人も見てきました。そんな日々を過ごすうちに、精神のバランスを崩して二次的に別の精神疾患を発症してしまう人がとても多いのです。

　そうなると、ADHDの特徴に加えて、精神疾患の症状も複合的に現れてしまい、あらゆる問題行動につながります。しかし、ADHD本来の大まかな特徴を理解していれば、こちらの反応を求めていない時があったり、きちんと相手にすることで逆に追い詰めてしまったりすることもあるのだと気づくことができるのです。

　いつも衝動買いをして後悔している人に向かって、毎回「いい買い物をしたね」と言って追い討ちをかけてしまう。そんな状況を避けることで、問題は解決に向かいます。

第4章　知的障害

　知的障害の人がはたらく職場には、他の障害者とはまったく違った対応が求められるケースが多くなります。職場の仲間というより、「知的障害者を預かっている」という感覚の人も決して少なくないでしょう。ほかの同僚と同じように職場の戦力としての扱いではなく、知的障害者の社会参加の手助けをしているという意識です。

　ところが、福祉的なことばかりに目が向いてしまうと、職場のトラブルを未然に防ぐことができません。知的障害の人を受け入れた職場がいつも円満であるためには、健常者が知っていなければならないノウハウがあるのです。

　その意味では、「知っているようで、その実あまりよく知らない」のが知的障害についてかもしれません。想定外の事態が起きたときはどうすればいいか。家庭とのコミュニケーションにどのように対応すればいいのか。

　さらに、本章では知的障害特有の問題である「虐待」についても解説します。

納得いかないと大暴れしてしまう

大人の知的障害者にも保護者が必要

　知的障害の人は、各人それぞれに独特の意思表示のクセがあります。特に、「嫌だ」という NO の意思表示にそれが現われます。そこに気づけば、

113

円滑なコミュニケーションを取ることができるでしょう。

　知的障害とは、IQ がおよそ 70 以下で、ADL（Activities of Daily Living：日常生活能力）が同年齢の水準に比べて劣っている人のことをいいます。ダウン症や小児てんかんなどの病気が原因の人から原因不明の人、事故や病気で IQ と ADL が劣った人まで様々です。

　IQ は、一般的な知能テストで測定される知能指数のことです。

　ADL は、日常生活を営むうえで最低限必要な能力や活動のことで、主に、移動・食事・トイレ・入浴・着替えなどを言います。

　IQ が極端に低い人では、小中学校で習うレベルの授業が理解できなかったり、総合的な判断力が欠けたりするので、子どもがするような単純ミスを繰り返してしまうことがあります。また、好奇心が弱く何にも興味を示さない、感情表現が乏しいといった特徴を持つ人もいます。

　知的障害者の中で有名なものに、サヴァン症候群があります。映画「レインマン」で描かれたように、ある特定の分野では優れた能力を発揮する人のことです。しかし、サヴァンの人はごく稀で、一般的には、知的障害者は仕事や生活のあらゆる面でハンディを抱えているケースがほとんどです。

　そのため、知的障害の人が仕事をするときには保護者が必要になります。保護者という言い方は、小中学生など未成年者の親を指すときに使う言葉ですが、成人でも知的障害者には保護者が必要なのです。ここが他の障害と大きく違う点です。

黙々とはたらく知的障害者の意外な一面

　知的障害の人は、普段は黙々と仕事をこなすという勤勉さが特徴的ですが、いったんトラブルが発生すると「暴力に訴えることも少なくない点」

には注意が必要です。

　知的障害者というと、テレビ番組の「ダウン症の子どもたちが、頑張って習い事（例：ダンス）に挑戦する感動的なシーン」をイメージする人も多いのではないでしょうか。最初はぎこちなくて、まったく様にならなかったのに、黙々と練習を重ねていくうち見事に一人前のダンスが披露できるまでになるのです。

　このイメージの通り、知的障害の人は黙々と業務をこなし、我慢強い人が多いのです。これはまさに美徳とも言うべき側面です。

　雇用の現場でも、「おかげで思いやりのある職場になった」「無邪気な笑顔がみんなを和ませる」のような、いわゆる成功事例として語られることが多いようです。それは、無表情だったり反応が乏しかったりする知的障害の人には、むしろ余計な「雑音」が入り込むことが少なく、業務だけに集中できているからです。さらに、必要なADLは身についているのできちんと仕事をこなせる。このことが大きな理由です。

　職場では、「想像していたのと違って、扱いやすい」と感じてしまいがちですが、それが「放っておいても、大丈夫だろう」になってしまえばトラブルになりかねません。

自分を傷つけて NO を伝える
解決事例【知的障害：20代：女性】

　知的障害の人の「強い意思表示」を見逃してしまい、問題になったAさん（IQおよそ30）のケースを見てみます。

　大手繊維メーカーの工場に勤めるAさんは、ADLが高く、細かなところまで手を抜かず清掃する仕事ぶりが高く評価されていました。「お人形さん」のように無表情なところもありますが、誰かが休憩を指示しないと

いつまでもはたらき続けるＡさんは、職場のアイドル的存在だったのです。

　ある時、「Ａさんから、暴力を受けた」と訴える従業員がいて騒動が起きました。工場内で、「Ａさんにいきなり押され、転んでケガをした」というパート女性がいたのです。話を信じた上司は、Ａさんに厳しく注意をして、そのパート女性に謝罪させました。それでいったん騒動は収まったように見えました。

　ところが、数週間した頃からＡさんは、柱に頭をガンガンぶつけたり髪をかきむしったりという自傷行為を繰り返すようになります。とうとう工場の屋上から飛び降りようとする騒ぎを起こして警察沙汰にまでなってしまいました。

　「会社に迷惑をかけたわけですから、辞めさせたほうがいいでしょうか」と、Ａさんの母親から相談を受けました。警察に呼ばれたせいか、Ａさんの母親は少し取り乱していました。説明を聞いていても、なかなか状況がつかめません。

　私は、「Ａさんの行動には必ず理由があります。もう一度何があったのか、ゆっくり聞いてみて下さい」と、お願いしました。特に「これまでＡさんが自傷行為をした時は、どんな場面だったか」を思い出しながら聞くようにと指示しました。

　数日後、Ａさんの母親から連絡があり、トラブルの状況がわかりました。Ａさんから暴力を受けたと訴えたパート女性が、工場で立ち入りを禁じられている場所に入っていたというのです。Ａさんは、「入ってはだめ！」と、注意するつもりで引っ張ったのですが、運悪く転んでしまったようです。

　Ａさんは、「いけない人を注意したのに、自分が怒られて、謝った」ことを間違っている（NO）と感じ、自傷行為で「納得いかない」と意思表

116

示をしていたのです。私は、会社にそのことを伝え、よく調べてほしいと
お願いしました。

満面の笑顔なら YES

　知的障害の人の多くが、Aさんのように、自傷行為やチック症状（頻繁
なまばたきや首ふりなど、唐突で奇妙な行動の繰返し）、他人への暴力や
暴れることで、NO の意思表示をしてしまいます。

　YES の意思表示は、たいてい笑顔です。表情や仕草から YES は理解し
やすいのですが、NO の意思表示は人それぞれなのです。

　「嫌なことがあると、どう行動して意思表示をするか」については、家
族が一番よく知っています。コップを割ったり、自分の顔を殴ったりする
など、NO の表現には独特のクセがあるので、それを聞き出すことがカギ
となるのです。

　会社が調査した結果、その日の様子を覚えていた人が他にも何人かいて
証言してくれました。Aさんの話が本当だったと証明されたのです。

　「よく考えれば、Aさんがそんなことをするはずがなかった」と、上司
はAさんに謝罪しました。Aさんは、にっこり笑って何も言わなかったそ
うです。今では「何もなかったかのように、普通にはたらいています」と
母親から連絡がありました。

　知的障害の人は、悪い言い方をすれば「バカだから、わからない」で済
まされてしまいがちです。しかし、これまでの生活で身につけた社会性か
ら、正義感が強い人、責任感が強い人は多くいます。実際に、話を聞いて
いると「親に心配をかけたくない」「同僚に迷惑かけたくない」と語る知
的障害の人は多いのです。

117

しかし、嫌なことがあったときの NO には「クセ」がありますから、ま
わりがそれを理解できなければ、いつまでたっても NO に気づけないとい
う状態が続きます。

知的障害の人は、社会性が身についているとはいえ健常者にくらべ劣り
ますから、自分から「NO だ。嫌だ」という意思表示をうまくできません。
そして、我慢に我慢を重ねても、いずれ限界がくれば一気に爆発してしま
うのです。

Aさんのケースでわかるように、知的障害の人とのコミュニケーション
では、NO を見極めることが重要になります。その方法にはコツがありま
す。

仕事では「わかりましたか?」と聞く場面があるでしょう。健常者は、
このときに、言葉で「わかりました(ここがわかりません)」と返してほ
しいと考えてしまいがちです。

しかし、知的障害の人は「わかりました(わかりません)」と言葉で答
えることが難しいのです。「わかった」と答える代わりに、「指示通りに仕
事をする」のです。つまり、「わかれば、できる」「わからなければ、でき
ない」ということになります。

このようにして、知的障害者からの NO を見極めるのです。知的障害の
人が見せる態度や表情から意思疎通を図っていくことになります。

知的障害者を幼児扱いしない

「知的障害者=幼児」のようなイメージを持ってはいけません。それが
トラブルを未然に防ぐ一つのコツです。

実際、私は知的障害の人と、メールしたり話したりするときに、相手の

118

知的障害を特に意識することはしていません。漢字にフリガナを付けることもしませんし、難しい言い回しを避けることもありません。

病気や事故で脳にダメージを受け、IQ が低くなり ADL が劣ったことで、知的障害と診断される人がいます。こうした人の中には、今までできていたことはそのままできるのに、ある分野だけがまったくできなくなっていることがあります。

交通事故が原因で的障害と診断された B さんのケースを見てみましょう。

「知的障害＝漢字が読めない」は大きな勘違い
解決事例【知的障害：30 代：男性】

大手物流会社に勤務する B さん（IQ およそ 60）が、「会社で大暴れしてしまい、出社しにくい。何とか解決したい」と相談に訪れました。「いつもバカにされていて、我慢の限界だった」のが暴れた原因だと言います。

B さんは、補助作業の業務をしていましたが、繁忙期など忙しさがピークの時には、細やかな配慮が難しい職場だったようです。あるとき上司から、「大きい箱をすぐに持ってこい」と強い口調で指示された B さんは、「カチンときて」上司を怒鳴りつけ、周囲のものを投げつけてしまったのでした。

私は、B さんの話を詳しく聞いてみて、原因が二つあると判断しました。一つ目は、会社が B さんに渡す文書が、すべてひらがなで書かれていたことです。会社は、「知的障害＝漢字が読めない」と思い込んでいたのです。B さんは、「僕は知的障害だけど、漢字くらい読める」と怒っていました。ここにトラブル発生の原点があったのです。

二つ目は、B さんが「物の大きさを認識できない」ことにありました。

Bさんは、物の「大きい、小さいを判断する能力」が事故で欠落していたのです。普段の生活で困った経験がなかったBさんは、そのことを自覚していませんでした。

例えば、野球のボールとバスケットボールが置いてあったとします。「バスケットボールを取ってください」と言えば、Bさんが間違うことはありません。ところが、「大きいボールを取ってください」と言うと、どちらが「大きい」かがわからないBさんは、頭を抱えイライラしてしまうのです。

本人からの申告がなければ、当然、職場では誰も気づけません。上司から「大きい箱を」と言われて、困ったBさんは、いつもバカにされていると感じていたことも重なって、爆発してしまったのです。

私はBさんに上司に謝罪することを提案すると、Bさんも「そうしたい」と受け入れました。会社には、文書で使う文字を普通にすることと、箱に番号を付けて「何番の箱」と指示してもらうことをお願いしました。

Bさんの会社は、仕事で使うものに番号を付けることは（知的障害者を雇っている他の支店で導入済み）だったので、すぐに対応してくれました。Bさんの謝罪を受け入れ不問にしたうえで、さらに、忙しさにバラつきが少ない職場に配属してくれたことでトラブルは解決しました。

知的障害者の2大特徴

これまで見てきたAさん、Bさんのようなケース以外でも、知的障害者が職場でトラブルを抱えてしまうケースがあります。その場合、主な原因となっているのが、知的障害の人が持つ二つの特徴です。

第4章　知的障害

特徴１：慣れたことはなるべく変更しない

　一つ目は、知的障害の人の多くが「臨機応変な対応が苦手」だということです。例えば、クツの左右をはく順番を間違えると、混乱して外出できなくなってしまう人や、電車が遅延すると、いつもと同じ時間の電車に乗換えできなくなることで、その場から動けなくなってしまう人もいます。

　健常者には考えにくいことですが、こうなってしまう理由は「やっと覚えた順番を間違えた」ことだったり、「やっと覚えた通勤ルートが違う」ことだったりします。

　知的障害者の ADL が、「同年齢の水準に比べて劣っている」というのは、できないのではなく、できるようになるスピードがゆっくりなので劣っているということです。そのため新しいことを覚えることに、ストレスを感じる人が多いようです。

特徴２：どう見られるか気にしない正直さがある

　二つ目に、知的障害の人は、正直過ぎるともいえるほど裏表がありません。トラブルになったケースでは、「自分のやりたい仕事以外は、サボっています」と担当者からよく苦情を言われます。サボっているのではなくて、できないからやらない。やらないなら、やった振りはしない。徹底的にやらないということなのです。

　この理由は、例えるなら「良くも悪くも、ウソがつけない」ということにあります。「人が見ていないところで、サボる」という器用なことができないのですから、誰が見ていようが「できない。やりたくない仕事であれば、しない」のです。

121

私に、「上司の話が長くて退社が 30 分遅れた。残業代が出ないのはおかしい」と相談に来た知的障害の人がいました。そうかと思えば、その人は「1 日休んだのに皆勤手当が支給されているのは間違いだ」と会社に返金するのです。

このような、いわば「馬鹿正直」ともいえるような生真面目さは、周りから、どう思われるかを気にするものではありません。

知的障害者は虐待されやすい

知的障害者をめぐるトラブルについては、他の障害者とのトラブルと違い、健常者側が一方的な加害者になることがあります。その特徴を見ていきましょう。

厚生労働省が毎年発表する「障害者虐待件数」から明らかなように、職場で虐待が認められたケースでは、被害者のほとんどが知的障害者です。

虐待をしてしまったのは中堅企業を経営する社長の C さんです。「本当に、最初は崇高な気持ちで障害者雇用に取り組んだんです。本当です。どうして、いつからこんなことをしてしまったのか」C 社長は泣きながら後悔を語りました。長い間、知的障害者に対する暴行から給料のピンハネまで、障害者虐待のオンパレードだったのです。

トラブルは、会社が全面的に謝罪し損害賠償したことで解決しました。保護者が警察沙汰にすることまで求めなかったので、C 社長は逮捕を免れました。C 社長は地元の名士で、障害者雇用の先駆者として表彰されたこともある人でした。

最後に私は、思い当たる原因を教えてもらえませんかとお願いしました。しばらく考えこんでいた C 社長は、「障害者が、こちらの気持ちに応えて

第4章　知的障害

くれないこと。感謝してくれなかったことなのかもしれません」と答えた
のです。

重度の知的障害者ばかりを受け入れてきた職場は、苦労の連続だったよ
うです。ある日突然職場に来なくなる人、他の障害者に暴力をふるう人、
いつも反抗的な態度でC社長に殴りかかってきた人もいたそうです。

かわいそうな障害者を雇っている、立派な自分になぜ感謝しないんだ。
これがC社長の本音の一つだったのでしょう。

感謝されず報われない不満が日々積もって、「お仕置き」だったことが
暴行へ、無駄遣いしないように給料を管理していたことが「ピンハネ」に
まで発展していたのです。

これは、どこの職場で起こっても不思議なことではありません。長い年
月を過ごすうちに、障害者にではなく、献身的で素晴らしい自分の苦労や
努力に酔ってしまう人が少なくないのです。誰もが普通の人間ですから、
他人に何かをしたときに見返りや感謝を求めてしまうのは、言ってみれば
本能みたいなものでしょう。

虐待行為にエスカレートする理由

どうして虐待の被害者は、知的障害者が多くなるのでしょうか。それに
は二つの理由が考えられます。

一つ目は、知的障害者には無抵抗な人が多いことです。知的障害者は外
見から、ひと目でわかることが多いです。虐待のきっかけは、そうした外
見をからかうような、いわば「悪ふざけ」からということが多いようです。
ところが、知的障害の人は、バカにされてもまったく無抵抗という人が多
いので、「反応がなくて、面白くない」とばかりに、悪ノリしてエスカレー

123

トしてしまうのです。

　また、健常者による虐待行為は、無抵抗をいいことに、いわば「バレないよう」水面下で陰湿に行われることが特徴的です。これは、大手企業でも起こりうるのです。まるで「ストレスのはけ口」のように集団暴行が行われていた上場企業では、加害者が「自分で転んで怪我したと言え」と命じていました。知的障害の人は、頑（かたく）なにその命令を守ります。しかし、どこか間違っていると感じていますから、自宅で大暴れしたりトラブルを起こしたりすることで NO の意思表示をするのです。

　二つ目は、知的障害者が他の障害者と同じ場所ではたらくことが多いからです。事実、何人もの障害者を一つの部署に集めている会社は少なくありません。すると小さなトラブルが起こりがちです。

　障害者同士のトラブルでは、気まずい人間関係といったレベルを超えて、ケンカなどの暴力行為になることがあります。暴れるからといって柱に縛り付けておくわけにもいきませんから、「それならば、いっそのこと反省させよう」といった「心理的な処罰」をする傾向が強くなります。

　こうした処罰は「被害者になったほうの障害者を納得させるため」に行われますが、加害者側の知的障害者が恥ずかしいと感じなければ、トラブルは繰り返されます。実は、恥を感じない人も多いのです。すると、処罰が日に日にエスカレートしてしまい、例えば「バカと書いたプレートを、首から下げる」ような、「虐待の光景」になってしまうのです。

　「会社が障害者を虐待」と大きく報道されるようなことになれば、企業イメージは回復が困難なほどに失墜するといえるでしょう。虐待は未然に防がなければなりません。そのためのコツは、知的障害の人の声に耳を傾けることです。

第4章　知的障害

　知的障害の人はウソをつけないのですから、「あの人は、優しい」「この人に、殴られた」という訴えを、まずは真実と捉えることです。事実確認してから判断するのではなく、言葉を額面通りに受け取るという意味です。

　訴え通りに対処することで、加害者予備軍に早くから注意することになり、「悪ふざけ」が虐待行為にエスカレートすることを未然に防げるのです。自己反省を促す効果もあります。

家庭との円滑なコミュニケーションがトラブルを防ぐカギ

　最後に、知的障害の人とのトラブルを防ぐには、その保護者との関係が大きなカギとなります。意思表示のクセを知ったり、いったん暴走し始めた知的障害者を落ち着かせたりするには、保護者との良好な関係が欠かせないことは当然です。

　ある会社で、トラブルばかり起こす知的障害者が、実は近眼だったことがわかりメガネをかけたらトラブルがなくなったというケースがありました。これは、会社が勤務評価を自宅に毎月届ける中で気づくことができました。また、「きちんと食事をしていないせいで栄養失調になっていた」「薬の副作用が重篤化していた」などの、会社が想定しにくいトラブルを防ぐことも可能になります。

　保護者との緊密なコミュニケーションは、職場での虐待防止にも役立ちます。知的障害の人が、職場で外見をからかわれることが多いのには理由があります。それは、「身だしなみ」というADLが劣っているからなのです。

　私は、服装や髪型など「身だしなみ」が明らかに不自然であれば、「会社から、必ず家庭に改善を指導して下さい」とアドバイスしています。会社から家庭に「身だしなみ」についての注意や指導があると、家庭では服の破れや、隠れたアザなどの、小さな変化に気づくのが早くなります。

それが、トラブルの予兆をいち早く発見することにつながり、虐待など
のトラブルを防ぐノウハウになるのです。

　会社は一般に、雇った社員の親と緊密に連絡を取り合うことはまずあり
ませんから、そもそも保護者とのコミュニケーションには「不慣れ」です。
そこに気づいただけでも、トラブルを減少させる取組みの第一歩を歩み始
めたことになります。

第5章　入社から退職まで

　この章では、どのような障害かには関係なく、職場で共通する場面ごと
の対処法について取り上げていきます。具体的には、募集・採用、配属、
評価・査定、労務管理、休職・復職、退職・解雇に分けて、それぞれの対
処法を解説していきます。

　みなさんは、様々な場面で、同僚や上司・部下の立場で職場の障害者と
一緒にはたらきながら関わっています。日々、同じ職場で過ごしているう
ちに、「障害者だから甘えてる」「障害を言い訳にしている」などと、健常
者側の誰かがそう感じはじめたらトラブルの一歩手前です。

　障害者の側では、甘えてるが「目の敵にされている」に、言い訳にして
いるは「障害を理解する気がない」と受け止めてしまうことがあるからで
す。そうした問題を未然に防ぐには、職場（会社）のシステムを整えるこ
とです。

　つまり、募集から採用、査定、退職までの過程のすべてに、問題が起こ
りにくい仕組みを取り入れることなのです。この章では、そのためのノウ
ハウを解説します。

| 募集・採用 | 面接が隠し持っている絶大な効果 |

あいまいな面接がトラブルを生んでしまう

解決事例【精神障害：20代：男性】

　採用で最も大切なポイントは面接です。面接ですべてが決まると言ってもいいでしょう。上手な面接には、後に起こりうるトラブルを回避したり、解決しやすくしたりする効果が期待できるのです。

　面接での、両者の思い違いからトラブルになったＡさんのケースを見てみましょう。精密機器メーカーに勤務するＡさんが、「会社から不当解雇されました。撤回を求めてください」と相談に訪れました。Ａさんは、採用面接で「うちの会社は、病欠が少なければ正社員になれるから」と言われたそうです。正社員になって安定することが目標だったＡさんは体調が悪い日も頑張って出社していました。

　いよいよ正社員として契約できるものと期待していた面談で、能力不足を理由に契約打切りを告げられたそうです。Ａさんは「面接での約束が破られた。話が違う。期待権を侵害された」と訴えていました。

　「会社は、学校じゃないんですよ！」話し合いの場で担当者は、私に呆れたように言いました。「Ａさんは、確かに毎日出社します。でも初歩的な仕事も覚えないし、ミスを繰り返してばかり」だったようです。Ａさんからは改善しようとする意欲も感じられないので、能力不足を理由に契約打切りを決めたそうです。

　「まったく仕事しない人を、雇えないのは当然でしょう」と言っていました。

ところが、Ａさんの主張にも一理ありました。会社は面接の時に、「仕事はゆっくり覚えればいい」と言っていましたし、「休みさえ少なければ、必ず正社員になれる」と確かに言っていたのです。Ａさんは、休まず出社して正社員になってから、ゆっくりと仕事を覚えていこうと考えていました。

　会社は、精神障害者の採用に慣れていないせいで、根拠もなく「とにかく頑張ってください」とだけ強調して伝えてしまい、肝心の障害特性や苦手なことを聞いていなかったのです。担当者は、「休みがなければ正社員と確かに言いました。だからと言って、仕事をしなくていいという意味には受け取りませんよ」と納得がいかない様子でした。

　それでも話し合いを重ねた結果、会社は「もう少し時間をかけてから判断しましょう」と、Ａさんの能力にあった職場で再契約してくれることになりました。

面接でネガティブ情報を聞き出す

　障害者採用の面接にはコツがあります。まず、採用を断る目的ではないことをていねいに説明してから、得意な「できること」よりも、不得意な「できないこと」いわゆるネガティブな情報をどこまで聞き出せるかがポイントです。

　応募してきた障害者から、「できること・やりたいこと」を聞くことは大切ですが、「できないこと・苦手なこと」をしっかりと聞き出せなければ、雇った後のイメージができません。聞き出したネガティブ情報を共有できる職場や業務を検討することで、受入れ態勢が整えられるのです。

　会社は雇った障害者がトラブルを起こさないでほしいと考えますが、実は、職場でトラブルを起こしたくないのは障害者のほうも同じです。面接

は、両者の思いが一致しているタイミングですから、あらゆる情報をお互いが確認しあえる貴重な場面でもあるのです。

　これまでにも、面接で障害の特性を聞くことは行われています。ところが、どうしても「うちの会社はあなたに期待している」といった前向きな面接で済ませて、とりあえず採用してみようという会社があります。しかし、採用してからでは手遅れだったり、ささいな聞き逃しがトラブルになったりというケースは少なくありません。

聞きにくいことを聞ける唯一のチャンス
解決事例【聴覚障害：20代：女性】

　面接の意義は、「聞きにくいことを聞いたり、会社からできないことを伝えたりできるチャンスにする」ということです。例えば、精神障害の人に、障害手帳取得に至った病気やエピソードを詳細に聞けるのは、最初の面接だからこそ可能になることです。

　Bさんのケースを見てみましょう。大手金融機関に勤務しているBさんは、補聴器を使用すればほとんどストレスなく会話ができるのですが、「格好悪いから」という理由で使用していませんでした。その後、コミュニケーションの問題から「伝えた」「聞いていない」で大喧嘩になるというトラブルが起きたのですが、補聴器の使用によって解決できました。

　なぜ、会社は始めからBさんに補聴器を使うよう指示しなかったのでしょうか。実は、面接で「補聴器で聴覚障害が改善されること」を聞き出せてはいたのです。ところが、本人が使用を嫌がっていたため、無理強いしては差別になるのではないかと面接官が間違った配慮をしてしまったのです。

第5章　入社から退職まで

　もちろん、仕事中に補聴器を使うよう求めることは差別ではありません。
会社は、面接のときに「勤務時間に補聴器を使用すること」をはっきり伝
えるべきでした。あいまいにしてはいけません。入社してからでは、誰が
Ｂさんに指示するのか、断られたらどうしようとなってしまいます。

　履歴書についても同じことが言えます。一つの会社で長くはたらいてい
た人が退職している場合や、有名企業が並ぶ華やかな経歴ほど慎重に退職
理由を聞いてみるべきです。その理由が、そもそも自社でも対応できない
ような内容なら、同じことの繰返しになってしまう可能性は高いでしょう。
　また、ほとんどの人が、面接時が最良の健康状態であるといえます。そ
のため、入社したとたん体調不良を訴える人もいます。履歴書にウソを書
いてしまう精神障害の人もいますから、過大な期待をしないで、多少の見
込み違いは許容範囲くらいの気持ちで面接に臨むべきでしょう。

募集には具体的なイメージを反映させる

　いくら面接の技術が向上しても、募集の段階でミスがあればうまくいき
ません。その意味では、募集には面接以上に細心の注意を払うべきです。
誰もが目にする募集には、障害者雇用に関する会社の人事政策が具体的に
現れてしまうからです。

　募集には次のような注意が必要です。

① 　募集では業務内容をより明確にする
　　業務を明確にした募集をするためには、応募してきた障害者に「何
　の仕事をしてもらうか」を徹底してイメージすることが必要になって

131

いきます。どのような障害者（身体・知的・精神）を採用し、どこに配属し、何の業務をさせるかを検討し、具体的に「この業務をしてもらいたいから募集します」と明確にすることです。

例えば、「一般事務」ではなく、「PC を用いた資料作成（データ入力）の事務。銀行（郵便局）への文書運搬業務、来客の対応が含まれる」「軽作業」ではなく、「何 kg 程度の荷物運搬が作業に含まれる」といった具合です。

ここまで具体的にできれば、採用後に「こんな仕事をさせられるなんて聞いていなかった」などのトラブルが起こりにくくなります。

また、特定の障害者を優先して雇いたいと考える会社も多いのですが、その場合には「内部障害の方は、人工透析に配慮した勤務時間ではたらけます」など、有利な条件として示すことが効果的です。

② 正社員登用の道が開かれていればトラブルは少ない

「いきなり正社員にしたら、何かあった時に辞めさせるのが大変じゃないですか」そう話す担当者は少なくありません。実際に、ほとんどの会社が障害者を有期雇用で採用しています。しかし、これからはその理由についても「障害者だから」だけでは通用しにくくなります。

短期間の雇用契約を繰り返している会社では、障害者のトラブルが多くなりがちです。いつまでたっても正社員になれないと不安を感じていたり、何を基準に正社員になれるのかわからないと不満に思っていたりする障害者はとても多いのです。契約満了の時期が近づくたびに、トラブルを起こしてしまう人もいるくらいです。

一定の基準を設けて、正社員登用の可能性がある契約の場合には、トラブルが起こっても早いタイミングで解決できるケースが多くなります。健常者を募集する場合にも、早い昇給や成果に応じた出世など、

第5章　入社から退職まで

他社より期待が持てる内容を盛り込んでいる会社は多いでしょう。有利な条件の会社を選びたいと考えるのは障害者も同じなのです。

これからの募集には「雇い入れた障害者が、自社でどのようなはたらき方をするか」という、はっきりしたメッセージを発信していくことがカギとなります。

③　扱いやすい障害者を求めるような募集をしない

「視覚障害者はお断りしますと、募集条件に書いても大丈夫でしょうか？」と上場企業の障害者採用担当者から聞かれたことがあります。任せられる業務がないので受入れが難しく、視覚障害者が応募してきたら困るそうです。しかし、それを募集要領に書くことで「差別している」とのイメージを持たれないかを心配していました。

担当者が心配した理由は、厚生労働省の発表した指針にありました。

- 視覚障害者には募集内容を音声で提供する。
- 採用基準を満たす人の中から、障害者でない人を優先的に採用してはいけない。

（2015年3月25日に厚生労働省が発表した「障害者差別禁止指針」と「合理的配慮指針」より抜粋）

これを文字通りに読むと、「募集内容は、目が見えない人にもわかるように音声で提供しなくては差別にあたる」、「健常者を優先的に採用することは差別にあたる」となりますから判断に迷ったのでしょう。

しかし、そもそも視覚障害の人では行えない業務を任せる人をイメージした募集であれば、当然ですが応募が来ることはありません。「車での営業職を募集しますので、普通免許を持っていることが採用

133

条件です」のようなことです。

　つまり、わかりやすく言えば、視覚障害者だけを排除する募集はできませんが、「抜け道」があるということです。募集する業務を限定して、それをこなせる人から採用することは差別ではないからです。

　これまで、障害者雇用率の達成だけが目的の募集、言ってみれば「応募してきた障害者をふるいにかけて扱いやすい人を選ぶような内容の募集」が少なからず存在してきました。それは事実です。「障害者雇用率を達成したいから募集する」のは会社の本音ですが、雇用率達成は会社の事情であって、応募してくる障害者にはまったく関係のない話です。

　今後は、ただただ障害者を雇いたいだけという一般的な募集をして、応募してきた人の中から、明確な基準を示さず特定の障害者だけを断ることは難しくなるでしょう。任せられる業務がないので応募があったら困る、ではなく、この業務を任せる人を募集する。これからは、いわば「どんな障害者が応募してきてもビビらない」募集をする。そのための準備を怠らないことです。

配　　属	試用期間をとことん活用する

「何度も試す」が配属の極意
解決事例【精神障害：30代：男性】

　応募してきた障害者を採用すれば、つぎに職場へ配属することになります。適切な配属ができなければ、トラブルに直結してしまいます。最初の配属でうまくいくことはなかなか難しいようです。大事なポイントは「配

属は何度も試すものと割りきる」ことです。

ほとんどの会社は、3〜6カ月程度の試用期間を設けています。試用期間は、障害者が職場に慣れるまでの期間ではなく、従業員としての適格性を観察したり評価したりするための期間です。ところが、「試用期間中に、一度も面談が行われなかった」「普通にはたらいていたら、その期間が過ぎていた」そんな形式的なものになっている会社が少なくありません。

大手製造業に勤めるCさんは、他人とのコミュニケーションに強い障害があることを正直に自己申告して入社しました。ところが、入社後に配属された職場は、同僚と密接にコミュニケーションをとらなければならず、仕事をするうえで大きな悩みを抱えていました。

上司から「コミュニケーション能力が低い」と評価され、Cさんは雇用契約を打ち切られてしまいます。Cさんは激怒しました。「障害を正直に申告して採用された。契約打切りの理由が障害なら、障害者差別だ！」と強い調子で訴えていました。Cさんの試用期間は過ぎていました。

どこに問題があったのでしょうか。このようなトラブルが表面化したときに、直属の上司や同僚らは、そもそも差別している意識がありません。人事部の配属がうまくいかなかったことに原因があるからです。採用から配属までの間に障害特性に関する情報が活かされなかったことに問題があるのです。

まずは「できないこと・苦手なこと」の情報から判断して、それをしなくて済む職場に配属してみます。そのうえで、適切な職場が決まるまでには何度も配置換えが必要になると考えておくことがカギになります。

はじめから過大な期待をして、期待通りの成果を出せない障害者に「なんだ、話が違うな」となってしまうことは避けたいものです。配置転換は

当たり前と割りきっていれば、判断のタイミングも早くなり、迅速に対処できてトラブルを未然に防ぐことが可能になります。

現場で一緒にはたらく人たちの意識改革

　会社が障害者を雇うとき、採用したらゴールと考え、一段落してしまいがちです。やることを終えた会社（人事部や経営幹部）は、配属先で隣に座る同僚たちに「あとは頼んだ（任せた）ぞ」となりがちです。いわゆる「現場任せ」です。

　ところが、実際は「いったい何を頼まれた（任された）んだろう？　よくわからない」そんな人たちが少なくありません。そこで、直接関わる現場の意識改革が必要になります。採用されたばかりの障害者にとって、就職はスタートです。頑張ろうと意気込んでいたり、不安を抱えていたりするでしょう。配属される部署は「ようこそ！」と歓迎してくれるだろうか、優しい人たちばかりだといいなあ、そんな期待を抱いています。

　しかし、受け入れる現場で、そこまで意識している人は少数派です。現場といっても、建設現場ではありません。建設現場ならば職人が集まって、自分の仕事を黙々とこなすだけでも、プロジェクトがはかどるかもしれません。

　ところが、会社では人間関係やコミュニケーションが不可欠です。同じ部署で同じプロジェクトに携わり、定期的に顔を合わせます。それなのに同僚の障害者に対して、特に意識していない、むしろ「眼中にない」という態度の人が少なくありません。最初から、「どうぞ勝手にやってください」と言わんばかりのオフィスもあるのです。

　そんな現場では、「さあ、これから」という障害者との間に温度差のよ

うな溝ができてしまいがちです。この溝をそのままにしておけば、いつか
トラブルの火種を作ってしまいます。

　そうならないために、隣に座る同僚たちの意識改革が必要です。つまり、
障害について基礎的な知識を知り、「障害（者）に無関心にならない」よ
う心構えをすることです。意識改革どころか「障害者と一緒にはたらきた
くない！」と思っている人がいるのではないかと疑いたくなるような現場
では、子どもじみた嫌がらせも起こります。

　「車イスで座るひざの上に、重い荷物を大量に詰まれた」「貨物用エレベー
ターに閉じ込められた」これらは大手企業で実際に起こっていました。「最
初は悪ふざけだったのに、エスカレートしてしまった」は言い訳になりま
せん。

　また、障害の知識が不足した現場に障害者を配属することは、トラブル
を招いてしまう配属といえます。

　例えば、視覚障害の人の多くは匂いに過敏です。近くに喫煙スペースが
あれば、健常者よりも数倍苦痛に感じます。そのまま放っておかれれば、
必ず問題になるでしょう。そこに気づくには、どのような障害者が職場に
来るのか、その障害は何が不自由なのか、そんな少しの知識と気づかいで
十分です。

　募集・採用や配属は、会社としての準備や職場への周知が必要不可欠で
す。組織的な対応です。しかし、ひとたびトラブルになれば誰にでも影響
が及びます。会社がやることだから自分に関係ない、ではなく、自分が障
害者と一緒にはたらくことを想像して心構えする。そこから意識改革が始
まります。

137

| 評価・査定 | 厳正な基準があれば問題は起きない |

どこまでも公平で公正に

「周りの健常者と比べて、仕事の能力は劣っていない」そう訴えてくる障害者を納得させるために必要なものが、正当な評価と査定です。明確な基準がなければ、結果として障害者だから安く人を雇えていたと非難されかねません。

評価・査定については、公平かつ公正であることが何より重要になります。賃金や昇進に関するルールそのものより、決められたルールがきちんと守られているかについて厳しい目が向けられると考えてください。

給料があがらない理由をきちんと伝える

紛争事例【身体障害：40 代：男性】

「20 年間勤めたのに、一度も給料が上がりませんでした」大手製造業に勤務していたＤさんは悔しそうに話します。障害からくる体力低下のために退職したのですが、長い間正当に評価されなかったことを我慢できないと相談に訪れました。

Ｄさんは「実績や能力が特に劣っていたわけではない。20 年もの間昇進はおろか昇給すらなかったのは、障害者だという以外に理由が見当たらない」と言い切っていました。障害者だから不当な扱いをしたのか会社を問い詰めて欲しい、もしそれが真相なら謝罪させて欲しいと強く訴えていました。

私はＤさんに、どうして長い間会社に訴えなかったのかを聞いてみました。数年前、同僚から「Ｄさんだけ給料が上がらないのはおかしい」と言

われ、Ｄさんは上司に聞いたことがあったそうです。その時「不満なら辞めてもらって構わない」と言われたので、それ以後、待遇について何も言わず「泣き寝入り」しようと決めたそうです。

会社との話し合いを重ねましたが、Ｄさんの給料について、残念ながら会社は明確な答えを出せませんでした。「障害者だから」以外に理由がなかったと認めざるを得なかったのです。Ｄさんの給料については、さかのぼって計算し直し、年収の500％が支払われることで解決しました。

「障害者のくせに、生意気なことを言うな」これは、「給料を上げて欲しい（処遇改善してほしい）」と申し出た障害者がよく言われる言葉です。Ｄさんのようにはじめからあきらめてしまう人も多く、「給料が上がるのは、最低賃金が上がった時だけですよ」と自嘲気味に言う人もいます。

当初Ｄさんは、経済的な不利益を裁判に訴えて明らかにしたいとまで言っていました。尊厳の問題になっていたのです。「慣習だから」くらいで明確なルールもなく、いつまでたっても昇進・昇給がない理由は「障害者だから」だったのです。

給料を下げてほしいと障害者が願った会社

解決事例【身体障害：30代：女性】

会社によっては障害者も健常者も、まったく同じルールの元ではたらくことがあります。給与や待遇がまったく同じだということです。このような会社では、障害者側からの相談は面倒なトラブルが少なく、対応しやすいものであることがほとんどです。

Ｅさんは、大手精密機器会社に正社員として採用され、健常者と同じ給与体系ではたらいていました。Ｅさんの会社の雇用形態は、健常者と障害

者に何一つ違いがありません。そんなEさんが「給料が半分になっても構わないので、仕事の量を減らしたい」と相談に訪れました。その要望を「職場に居づらくならないよう」ユニオンから上手に伝えて欲しいと言います。Eさんは病気が進行してしまい、体力の低下に合わせて仕事量や責任を減らしたかったのです。

　私は「やはり、自分で言うべきでしょう」とEさんにアドバイスしたのですが、「いい人たちばかりの職場なので、自分から言い出しにくい」と困っています。

　会社にとって、Eさんの要求は難しい話ではありません。当然のように応じてくれましたが、担当者は「Eさんは頑張っているのにもったいない」と言っていました。Eさんは、もちろん今でも円満にはたらいています。

独自の評価基準があれば納得しやすい
解決事例【身体障害：30代：男性】

　障害者雇用に独自のルールがある会社はごく少数です。現実は、とりあえずパート・アルバイトの就業規則を適用しているといったケースが多いのではないでしょうか。独自の評価基準を作ろうとする場合、例えるなら「えこひいきや曖昧さが入る余地のない」明確でわかりやすい基準になるような工夫をするべきでしょう。

　評価基準を明確にしたことでうまくいったFさんのケースを見てみます。大手商社に勤務するFさんは、「会社から不当に低く評価されている気がする。その評価に基づいた職種変更を打診され、もめている」と相談に訪れました。Fさんの障害は重度でしたので、職場で厄介払いのような

140

ことが行われていないかを疑った私は会社と話し合ってみることにしました。

　ところが、会社から提示された評価表を見て驚きました。目を見張るほどよくできたものだったのです。業務の基本的な内容から、特に注意が必要な業務までを20以上の項目に分け、5段階で評価するチェック表を作っていました。評価欄には、自己評価と上司の評価を書く欄があり、さらに毎月本人のコメントと上司からのコメントを記入することになっています。

　項目によっては、Ｆさんの自己評価5に対し上司が1と付けるなど、上司の評価は辛らつなものでした。そして、コメントには言いにくいこともはっきりと書いてあります。Ｆさんからのコメントにも丁寧に答えていました。どこまでも公平で公正な評価をしていると感じました。

　実際のＦさんの心情は、評価への不満というよりは、慣れた職場が変わることへの不安だったようです。私が「ここまで正当に評価する会社なら、他の職場でも心配ないでしょう」とアドバイスしたところ、Ｆさんも納得し、能力にあった配置転換を受け入れたのです。

　はたらいている障害者の多くが、自分への評価が不当に低いと感じています。実際に、健常者より安い給料ではたらいている人は圧倒的に多く、順調に昇進して出世したという障害者は皆無といってもいいでしょう。

　どうすれば昇給や昇進ができるのか、そもそもできないのか。会社は明確なルールを示すことがカギになります。このルールが健常者と違っていても、はじめに説明があって納得できていれば問題はありません。しかし、定められたルールがいつも公平に運用されているかについては非常に敏感なのです。

評価・査定の基準は、健常者と違っていて当然です。むしろ、能力や成果について健常者とまったく同じ基準では、障害に配慮していないことになりかねません。障害への無配慮は、不当に低く評価されたという不満につながります。

厳正な評価は障害者から信頼される

　障害の種類によって、ルールや基準が違っているケースでは、わずかな違いに納得できないと訴える障害者が多くなります。事実、「どちらの障害が、より苦労が大きいか」の論争が起きてしまったケースもありました。障害の種類や重度・軽度が評価基準にならないようにするべきでしょう。

　会社の就業規則には、待遇や評価について細かなルールが書かれています。しかし、ほとんどが健常者を想定して作られている場合が多く、障害者にはルールそのものが用意されていないというケースもあります。障害者だからルールがないでは、やりがいを感じないばかりか不満だけが募ります。

　はたらきかたや給与体系が健常者と違う場合には、障害者の指標になる明確なルールを作り、理解を求めることが必要です。そのときに、上司の意見などを評価基準に含んでしまうと、「好き嫌いで査定された！」などのトラブルになりがちです。「給料が安い」「健常者と同じように仕事ができるのに評価されない」このような不満を訴える相談者は増えています。これからも、この傾向は続くでしょう。

　出世や昇給は、はたらく人の大きな関心事です。何を基準に頑張れば評価されるのかは、障害者であっても気になるものです。

　会社が厳正な評価をすることは、障害者としてではなく一人の社員として評価していることに他なりません。それは、はたらく障害者に自信を与

え、会社への信頼につながります。

　「正社員になれないのは障害者だからだ」と相談にきた人が、私と一緒に会社のルールを確認して、自分の勘違いに気づくことがあります。納得して、その後、人一倍頑張ったのでしょう。「やっと正社員になれました！」と喜びの報告をくれることも多いのです。

労務管理	気づかいが逆効果になっていないか想像する

本人に確かめた方がうまくいくことがある

　労務管理は、すべての場面で想像力をはたらかせていくことが大切です。想像力といっても、常に障害者のことを想像して動けということではありません。良かれと思ってしたことが間違っていないかを想像してみることです。

　職場では、誰もが同僚・部下に多少なりとも気をつかうでしょう。しかし、相手が障害者の場合には、気づかった行為がまったくの逆効果になることがあるのです。健常者は「せっかく気づかったのに」と不満に感じ、障害者は「余計なおせっかいされた」と受け止めてしまう。これではトラブルを招いてしまいます。

　労務管理とは、従業員の賃金や労働時間、労働条件一般から福利厚生など、入社から退職までの一連の流れを会社が適正に管理することです。本章では、同じ職場で一緒に過ごす時間という視点から見てみましょう。

気づかった側が予想もできない反応

相談事例【聴覚障害：30 代：男性】

「職場の飲み会に誘うべきか、誘わないべきかで悩んでいます」大手水産会社に勤務する G さんの問題を話し合っていた席で、直属の上司である部長が真剣な顔で私に聞いてきました。

耳のまったく聞こえない G さんが飲み会に参加しても会話が理解できませんから「周りが楽しそうにしているのを見ているだけになり、苦痛なのではないか」と考えたようです。一方で、誘わなければ「仲間外れにされたと、G さんが感じてしまうのでないか」という考えも浮かび悩んでしまったようです。これは、一見すると優しさや気づかいからの心配ごとに思えます。G さんの部長のように、気づかいの方法に悩みを抱える心優しい健常者は少なくないのです。

私は G さんに、部長の気持ちをありのままに伝えてみました。ところが、G さんは好意的に受け止めなかったのです。「ひどい会社と思われたくないから誘うのか、気を使うのが面倒だから誘わないのか。その違いでしょう」とまで言っていました。

普通の人には、好意と解釈できそうなことが G さんにはそうは映らなかったのです。いったいなぜでしょう。それは、両者の間にコミュニケーションが普段から不足していたからです。

ある人がドアを「バタン！」と大きな音を立てて締めた時、その人に好意を寄せていないと、「もっと静かに締めろよ。うるさいなあ」と感じるかもしれません。一方、その人を普段から心優しい人だと思っているなら、「今日は外からの風が強い日だ」と感じるかもしれません。

コミュニケーションを増やすこと。それにはまず話し合うことです。私

は、部長に「Gさん、今日の飲み会に参加しますか？」と聞くことが正解でしょうとアドバイスしました。誘うべきか誘わないべきか。こう考えてしまうことで、肝心のGさんの意向を聞くことができなくなります。参加するかどうかは、Gさんが決めるべきことなのです。

間違った気づかいが機会を取り上げる

　同じようなケースは、福利厚生や教育についても起こりがちです。会社の保養施設がバリアフリーになっていないからとの理由で、車イスの社員に案内をしていない会社がありました。「障害者には使わせないのか！ひどい差別だ！」と大きな問題になってしまったのです。

　「保養施設を使いますか？」と案内したからといって、「使ってほしいなら保養施設をバリアフリーにしろ！」と強く求める障害者はまずいないと考えたほうがいいでしょう。会社からは、利用するときに介助や補助の人が同行できる許可を与えれば配慮として十分です。バリアフリーになっていない施設を利用するかしないかも、当事者が考えて決める問題なのです。会社から案内をしないことが、利用するかどうか選ぶ権利そのものを奪ってしまいます。

　スキルアップを支援する教育訓練なども、障害があるから習得できないだろうと気づかって案内しないのではなく、「参加しますか？」と聞くべきです。本人が参加したいと思えば、いろいろなアイデアが出てくるのです。

　例えば、会社では「障がい者」と表記することが多いでしょう。その理由は、「害」という文字を使用しないことで「配慮や気配り」を表現しているというものです。ところが、そのことに感謝している障害者は一人もいません。職場で、「どう表記されようが障害者と呼ばれたくありません」

145

と言われたとき、どのように答えますか。本当に「害」という文字の使用がタブーなのか想像して、答えが出なければ職場にいる障害者に「では、どう呼べばいいのか」と聞いてみればいいのです。

　労務管理では、想像して気づかいするより、障害者に聞いて確認する。障害者の側からも、どんなに小さなことでも気軽に相談できる窓口（人）を作る。この環境がうまく機能していれば、トラブルは起こりません。私の経験上、それは間違いないのです。

コミュニケーションに不可欠な「慣れ」
紛争事例【精神障害：20代：女性】

　円滑なコミュニケーションの基礎は頻繁に会話を交わすことです。ただし、そこには工夫が必要になるケースがあります。特に相手が精神障害の人の場合には重要です。聞き方や答え方には、特徴があって、それに慣れることが必要になります。

　精神障害の人とのコミュニケーションでは、会話やメールが堂々巡りしたり、済んだ話が蒸し返されたりしがちです。やり取りが長く続くことでトラブルに発展することも少なくありません。

　典型的な例を見てみましょう。「大切な顧客への連絡ミス」を少し強めに注意した日の夜に、「今日の（上司の）一言に、傷つきました」と部下のHさんがメールしてきました。

　「あのくらいの注意を気にしていたら、仕事になりませんよ」と上司は当たり障りのない返信をします。すると、「そうかもしれません。私が悪かったんです」と返ってきました。「気にしないでください」と上司は返答し

ます。ここで終わるのが一般的です。

　ところが、一転して「気にします。なんで私が謝るのかわかりません」とHさんからメールが来ました。上司は、どう答えればいいかわからず、しばらく返事をしないでいると「なんで返事がないんですか？　私の頭がおかしいんですか？」と30分おきにメールが届きました。

　上司は仕方なく、「そうじゃありません」と返事をしましたが、Hさんからは「じゃあ、どっちなんですか！」と、どちらが悪いのかを問いただしてきます。

　話題が振り出しに戻ることもしばしばです。このような、「ああ言えば、こう言う」が、何週間ものあいだ昼夜を問わず延々と続いてしまいます。

　そもそも、Hさんは、最初のメールで「（あんなに強く怒ることないでしょう）傷つきました」と、いってみれば「自分のミスを棚に上げて」上司に抗議しています。この、自分では正当と思っている抗議に、当たり障りのない返事をされたことで、実はHさんは欲求不満に陥っています。そのため、何かきっかけを見つけ出して納得いくまでやりとりを続けようとするのです。

　この場合、Hさんの「傷つきました」というメールに、「その訴えは、文書で提出してください」と返すことが正解の一つでしょう。つまり、早々にメールのやりとりを打ち切るような答え方です。このやりとりが長く続いてしまえば、次第に自分のミスを正当化する心理状態になる人もいますし、それが他者への攻撃に発展してしまうこともあります。

「これが正解」に、いずれたどり着ける
紛争事例【精神障害：30代：女性】

　想定外の反応だったり、日によって反応が違ったりと、円滑なコミュニ

ケーションができるまでには「一筋縄ではいかない」ことも少なくありません。Ｉさんのケースも受け答えが難しい例です。

　大手日用品メーカーに勤めるＩさんの障害には、物事を自分で決められない、他者へ依存してしまう傾向が強い特徴がありました。ある日、Ｉさんが「今日のお昼は何を食べればいいでしょうか？」と聞いたときに、「なんでもいいんじゃない」と同僚が答えます。するとＩさんは、その同僚に相手にされなかったと大騒ぎして、「嫌がらせされた」と涙ながらに周囲に訴えトラブルになってしまいました。

　二人の間には、何かしら火種があって伏線もあったのでしょう。小さな不満が積み重なっていたところに、この一言がきっかけになったと考えられます。精神障害の病状のなかには、「過剰で過度に反応してしまう」という特殊性もありますから、普通に答えても受け取り方によって問題が起きてしまいます。

　Ｉさんのケースは特殊で、仮に「パスタがいいんじゃない」と答えても、「何が食べたいの？」と聞き返しても、結果的に正解ではありませんでした。Ｉさんは、「何を食べるか」ではなく「自分に関心があるか」を試しているからです。Ｉさんの問いかけに対しては、「私は○○を食べます」と答えることが無難です。それならＩさんのペースに巻き込まれることがありません。

　事前の知識なしに「これが正解だ」と理解することは非常に難しいのですが、障害によってパターンがあるので、それに慣れれば誰でもできるようになります。

「付かず離れず」が原則

　職場ではたらく障害者と、個人的に仲良くなれば話題はプライベートにも及ぶでしょう。様々なエピソードを聞くうちに、なんてかわいそうな境遇だと同情を寄せてしまう人。自分には重すぎる話だと、途端に敬遠してしまう人。障害者との付きあいに不慣れな人たちの反応は、両極端な態度になりがちです。

　職場では、あくまでも同僚の一人として、付かず離れずの距離感が適切です。あまり深く関わり過ぎたり、離れすぎたりもしない。そんなちょうどいい距離を見つけて保ちたいものです。また、円滑なコミュニケーションができるまでには、クセを知ったり慣れたりするまでに多少の時間がかかります。うまくいかないといって急に態度を変えたり、知ろうとするあまり集中し過ぎたりしないよう個人が注意することも必要です。

　障害者からの質問に丁寧に回答したのに、その後の反応がまったくない。すると「真剣に答えたのに、何なんだよ」と失望したり、「不真面目な人だなあ」と感じたりしてしまうことも職場に多い悩みです。

　担当者の我慢にも限界はあるでしょう。日々の仕事を忙しくこなしながら、コミュニケーションにまで気づかいしていたらストレスばかりで参ってしまいます。結果、イライラして「これだから障害者は！」と「キレて」しまう人、「もう、やってられない」とトラブルになってしまう人、どちらも不適切な対応です。少し長い目でみれば、特徴をつかむことも慣れることも、必ずできます。

　また、あまりにも親密になることで「会社の上司・同僚の関係」と「仲間内の先輩・後輩・友人の関係」があいまいになってしまうこともありがちです。他者への依存は、精神障害全般に見られる特徴です。同情し過ぎたり、プライベートに関わり過ぎたりすることは、トラブルの火種になりかねません。

仕事とは無関係な相談（恋愛、他人の悪口への同意の要求、借金の申し入れ）をされているなと感じたなら、「その相談には乗れない」とはっきり伝えるべきです。公私混同しないコミュニケーションの「さじ加減」は、健常者側が敏感に意識してコントロールする。そうして、違和感を感じない無理のない付き合い方ができれば、トラブルなく過ごせるのです。

休職・復職　あくまでも規則通りに実行する

復職させたくない会社が多すぎる

休職についてのトラブル（休みたいのに会社が休ませてくれない）はまったくないのに、いざ復職となると、トラブルになることが驚くほど多くなります。復職を求める障害者とそれを拒む会社という対立がほとんどです。

復職をめぐるトラブルを避けることは、「どのように休職させたか」で決まると言っていいでしょう。つまり、ルールに基づいて休職させたか、緊急避難として「とりあえず休職させたか」が問われます。「どのようにも何も、休職には決まりがある」と思う人もいるでしょう。もちろん、ほとんどの会社が休職について就業規則で決められています。にもかかわらず復職のトラブルが多いのは、そもそも休職が規則に沿って事務的に行われていないからです。

休職・復職における最大のノウハウは、「健常者にしない（する）ことは、障害者にもしない（する）」。これを忘れずに実践することです。トラブルになった障害者だからと緊急避難としての休職や、やむを得ず休職のような使い方をしないという意味です。

第5章　入社から退職まで

特別待遇すれば悪用されることも

　実際に、次の仕事を探すための期間として休職させていた会社がありました。「障害者だから、かわいそうじゃないですか」と担当者はその理由を話してくれました。この会社のように障害者だから大変だろうと、いわば健常者の社員になら絶対にしない特別待遇をしている会社が少なくありません。

　また、残念ながら、障害者の側でも休職制度を悪用しているケースが実際にあります。例えば、精神障害（うつ病）として入社した人が、「うつ病がひどくなったので休職したい」と申し出たとき、会社はとりあえず（仕方なく）応じてしまいがちです。

　そのため、「何か嫌なことがあれば」ストレスを感じたと休職を願い出て、「そろそろ出社しないとクビになるから」と復職を願い出るようなケースがあるのです。自分が特別待遇されたことはすぐにわかりますから、それならと「図に乗って」悪用してしまうのです。実際、「お金に困ったから、主治医に頼み込んで復職可能の診断書を書いてもらった」と白状した障害者もいました。

緊急避難の休暇はトラブル必至
紛争事例【難病：40代：女性】

　休職・復職は規定通り事務的に行う。これがポイントです。具体例として、大手食品メーカーの工場に勤務するJさんのケースを見てみます。

　「障害者になった私が邪魔だから、追い出そうとしているんです」そう言って相談に訪れたJさんは、ある日突然身体に異変を感じ、病院を訪れました。それまではまったくの健康体でした。そこで下された診断は国指

151

定の難病でした。Ｊさんは、病状が安定したので復職したいと申し出ていましたが、会社がまったく取り合ってくれないのだと訴えます。Ｊさんは、すでに（会社の不当行為）として労働局に申し立てをしていました。

　まず私は、現在のＪさんは休職中なのかどうかを聞いてみました。Ｊさんが会社に診断書を提出していないと聞いた私は、もしかするとすでに退職扱いになっているのかもしれないと考えたからです。

　Ｊさんは、会社に病気を伝えたときに「しばらく自宅待機しているように」と指示されたまま３年が経過していて、現在どのような立場かをわかっていませんでした。それでは復職の話し合いが行われないのも当然です。会社の担当者は「Ｊさんは、現在休職扱いになっています」と教えてくれました。それなら、なぜ診断書を出させないのかと聞いてみると、「もともと、難病で障害者になったとわかっているのに、診断書を出せとは言えないでしょう」と答えたのです。

　実は、診断書の扱いが雑な会社は案外多いのです。診断書がなければＪさんの休職はただの「自己申告」によるものになってしまいます。もし休職が自己申告でできるなら、復職も自己申告でできることになりますが、会社としてはそうもいかないようです。

　Ｊさんの会社は、聞いたことのないＪさんの病名に戸惑ってしまったというのが真相でした。徐々に身体の機能が失われていく病気ですから、機械に巻き込まれる事故でも起きたら困るという思いもあったようです。そうは言っても、本人が復職したいと訴え始めたのが１年前ですから、それをずっと無視してきた会社は、きちんと対応したとはいえません。

　私はＪさんに、いくつかの大学病院から「現在は問題なくはたらける」との診断書をもらって来るように頼みました。複数の大学病院が認めたの

第5章　入社から退職まで

だったら、会社も納得するだろうと考えたからです。その結果、無事に復職することができました。

これは、会社が休職制度を、いわばエスケープの手段として使ってしまったケースと言えるでしょう。「どうすればいいかわからないから、休職させた」のです。その結果、「どうなれば復職できるか」もわからないのですから、トラブルを招いてしまいます。

当然ですが、安易な休職は双方のためになりません。病気に関する休職であれば、医師の診断などの手続きやルールに沿って休職させる、そうすれば復職は病状や治療の経過次第で、いわば事務的に行えるのです。

「もう会社に来ないでくれ」の対策に使わない
紛争事例【精神障害：20代：男性】

大手金融機関に勤務するKさんは、「給料は払うから、会社に来ないでくれと言われました。これって違法じゃないでしょうか」と相談に訪れました。もちろん、あってはいけないことですから、会社に詳しく話を聞いてみました。

これまでKさんは、同僚らと数々のトラブルを起こしていて、周りが対応に疲れきってしまい、会社は本人を休職させるしかないと考えたようでした。このままでは職場から退職者が跡を絶たない。周囲への影響を考え、Kさんに来ないでもらうことが最善の対策と判断したのです。

本音としては「辞めてもらいたい」との思いもあったのでしょう。しかし、いきなり解雇するわけにもいかないからとひとまず休職させたのです。ところが、Kさんは体調が悪いわけではありませんから「給料は払うから」となってしまいました。このような、いわば「ギブアップ」の休職は決して少なくありません。

153

これはある種の特別扱いです。いったん特別扱いをすれば、あらゆる場面で同じように特別扱いしなければならなくなります。それではいずれトラブルにつながってしまいます。Kさんのケースでは、私が間に入り、今後トラブルを起こさないとの誓約書を書くことでいったん復職することになりました。Kさんは、今後同じようなトラブルを起こした時は就業規則や服務規程に基づいて処罰されても仕方がないことを納得しました。

　そもそも、会社は最初からKさんがトラブルを起こしたときに、一般社員と同様に厳しく対処すべきだったのです。このような休職・復職を繰り返せば、当然仕事は覚えませんし、周囲からは「わがままな障害者が好き放題している」ようにしか見えません。つまり、いつかは復職を拒まなければならない場面を迎えるのです。

　当たり前のことですが、健常者にしない（する）ことは障害者にもしない（する）。会社がこの姿勢を崩さずに障害者従業員と向き合うことが必要なのです。

退職・解雇	建設的な提案は障害者から感謝される

解雇の理由が正当でも通らないことがある

　退職・解雇は、すべての労働問題の中で最大の難関です。それは健常者ばかりでなく障害のある人に対してもまったく同じです。ただし、退職後の環境や境遇については、障害者と健常者では大きく違ってくる点には注意と理解が必要です。会社を辞めさせる、と同時に、離職者が「これからどうするか」に少し関心を寄せるべきでしょう。会社からの建設的な提案

が、結果として感謝される事例はとても多いのです。

　トラブルを最小限に収めるには、募集から採用、配属や評価など、すべての場面で会社が「合格点を取れる対応」できていたかが問われます。

　退職・解雇には障害者雇用に取り組んできた会社の姿勢そのものが映し出されます。会社に大きな失点がなくても、退職（解雇）のトラブルが、すんなり決着することはまずありません。会社側は、「障害者がはたらかないから、職場の同僚に迷惑をかけたから、解雇は正当だ」と主張するでしょう。しかし、それが通らないことがあるのです。

　その理由は、ほとんどの会社に、社内ルールや就業規則を曲げてまで障害者を優遇してきたという経緯があるからです。退職（解雇）は、手続きの正当性が厳しく問われる局面です。優遇してきたことが、いわば「会社側の弱点」になってしまうのです。

　「これからどうやって生きていけばいいんだ！」と悲痛に訴える障害者を、会社は退けるわけですから、当然争いは険しいものになります。障害者側は、「かわいそうな障害者 vs ひどい会社」という対立に持ち込んででも争おうとします。

　「お払い箱にされた」「厄介払いされた」という言葉は、失職した障害者がユニオンに相談に来ると必ずと言っていいほど使うものです。特に、健常者だった人が障害者になった場合は「使い物にならなくなったから捨てられた」「世話が面倒な障害者だから辞めさせられた」と相談に来る人が少なくありません。そうした人たちは「自分は悪くない。障害者の自分を受け入れない会社が悪い」と訴えるのです。

　会社によっては、障害者が「何をしても許される」と感じてしまうほど、大目に見すぎてしまったケースも少なくないのです。特に、病気（事故）

で障害者になった従業員には厳格にルールを適用しにくいという会社は多いようです。

「だって、かわいそうじゃないですか」と、厳しい言葉をかけられないと言った担当者がいました。これは、人情味に溢れた心温まるものではありますが、退職（解雇）という残酷なことを伝えるときには、それまでの対応がかえって問題を生んでしまうことになりかねません。

失職に至るには必ず理由があるはずですが、障害者からすると「これまで大切なお客様として扱われていたのに、急に社会人として扱われても困る」と言わんばかりの心理状態になってしまう人もいるのです。

実際に、会社が「少しでもつらい時は、無理せず休むように」と言ったところ、「ペットが病気になり、つらいから」と休んでしまう障害者を退職させたケースでは、「会社が約束を破った！」となってしまったこともありました。

会社が甘すぎれば障害者も甘えてしまう

会社の態度が甘すぎたために、障害者が甘えすぎてしまった。こう言ってもいいようなトラブルの実例として、2010年に会社勝訴の判決が出た裁判（藍澤證券事件：東京高等裁判所　平成22年5月27日）がありますので、その内容を見てみましょう。この裁判は、障害者と会社の裁判自体が少ないなか、裁判所で判決が示された唯一のケースです。

精神障害者のLさんは、「正社員募集に応募したのに有期雇用された。本来、期間の定めがないのだから、契約満了でなく不当解雇だ」と会社を訴えました。裁判所は、会社はできることすべてを行っていたと判断して、Lさんの訴えを認めませんでした。

第5章　入社から退職まで

　元銀行員のＬさんは入社してすぐに、「実はドライアイがひどい」と仕事中ずっとタオルで顔を覆い仕事をしませんでした。それでも、会社はＬさんが障害者だということを考慮して大目に見ていました。実は、Ｌさんを辞めさせると障害者雇用率を下回ってしまう事情もあって会社は契約を更新しています。

　会社は「Ｌさんのはたらきぶりに見合った業務を」と考え、簡単な印刷の作業を任せました。ところが、Ｌさんはミスばかり繰り返します。その上、印刷ミスした大量の紙を自分のロッカーに隠していたことも発覚します。

　会社は次の契約をしないと伝えましたが、Ｌさんが納得しなかったようです。結果的に会社は、これが最後の更新だと念を押して再度契約します。その後、出社しないＬさんに会社は給料を払い続けて、契約満了日を迎え退職になりました。

　実は、その後Ｌさんは失業保険を満額まで受給しています。私はユニオンの委員として労働者側の立場に立つことが前提ですが、それでも「失業保険を受け取る＝退職を受け入れた」と考えるのが通例です。さらに、Ｌさんは再就職もしていますから、なおさら退職を受け入れたと判断できます。

　Ｌさんは、失業保険で暮らし、再就職した会社を辞めた後に、さかのぼって「不当解雇された」と会社を訴えたのです。一般的な感覚として「そもそもＬさんには会社を訴える資格がないのでは？」と考えてもいいでしょう。ですから、裁判で会社が勝ったのは当然であり、Ｌさんの訴えは「むちゃくちゃな言い分じゃないか」と感じる人が多いでしょう。

　ところが、多くの会社は、どんな言いがかりであっても「裁判沙汰だけは避けたい」と考えます。ですから、会社はこのような事態を未然に防がなければなりません。そのためには、退職や解雇について「細心の注意を

157

払って」臨まなければなりません。

　私なりにLさんのケースを検証してみると、会社が最初に契約を更新したことにミスがあったと考えられます。Lさんの仕事ぶりやミスを隠蔽した事実を考えれば、更新はありえなかったのです。会社は、言いなりともいえる甘い対処ではなく、トラブルを覚悟してでも、契約打切り（解雇）を告げるべきだったと考えられるのです。

会社が絶対にやってはいけないこと

　障害者と会社は、労働契約というルールで結ばれた対等の関係であり、それは健常者に対するものと同じです。会社側がそのルールを守っていなければ、ルールに沿って懲戒や解雇することができないことになります。健常者の社員であれば解雇していたようなケースなら、障害者であっても同じタイミングで解雇すべきでしょう。

　退職・解雇に関して会社がやってはいけないのは、次の2つです。

① 雇用率達成だけを目的にした雇用

　現在、従業員数が50人以上の会社は、従業員の2％に相当する人数の障害者を雇うことが法律で義務付けられています。

　未達成の会社は納付金を科せられ、厚生労働省のホームページに発表されます。不名誉な事態は避けたい、何としても雇用率を達成して維持したいという会社は多いのですが、そのためだけの雇用ではトラブルが起きてしまいがちです。

第5章　入社から退職まで

　前述のＬさんのケースでは、このことが発端だったとも言えます。期待通りの仕事をしないＬさんを雇い続け、ミスを不問にしていたのですから、Ｌさんにしてみれば「何でもあり」と考えたのかもしれません。

　会社は、「一時的に雇用率が未達成になってしまっても、問題のある人とは契約しない」、このように強く決断することが必要だったのではないでしょうか。

② 契約満了を解雇の代替にする

　契約満了で次の契約をしないから退職になるケースでは、「契約満了を、解雇の手段として使っている」と非難されても仕方ないのではという会社は少なくありません。

　Ｌさんのケースでも、「これが最後の更新」と念を押して契約しています。つまり、契約切れ以外に退職させる手段がなかったということになります。実際に、トラブルを解決できず契約が切れるまでの辛抱と考えていたようなケースは数多くあります。

　私がある会社に「なぜ契約を更新しないのですか？」と聞いたところ、「本当なら解雇ですよ。でも障害者だから大変だろうと思って解雇しなかったんです」と担当者が答えたことがあります。「ありがたいと思え」と言わんばかりの担当者からは、とうとう更新しない明確な理由が聞けませんでした。

　この対応は間違いだと考えるべきでしょう。もし担当者が言うように、解雇になる理由があったのなら、解雇すべきなのです。障害者は大変だとはいっても、少なくとも何らかの懲戒処分を科すべきでしょう。

159

これは言い換えれば、会社側が就業規則というルールを守らなかったことに他なりません。障害者からすれば、その時は無罪放免にしてもらったのです。したがって、他の理由がないのに契約を更新しないでは、納得できるわけがありません。

　また、「休職期間を終えても復職できない場合には、自動的に退職」そのように規定されている会社は多くあります。ところが実際は、「自動的に退職」とは言いがたいほど、もめてしまうケースばかりです。

　例えば、休職中の障害者に、産業医や会社指定の医療機関が「就労は困難」と診断したとします。会社は、その診断に基づいて復職を認めず、自動的に退職になると通知するでしょう。ところが、障害者側の主治医が「就労が可能」と書いた診断書を持って、障害者が復職を求めてきました。この場合、多くの会社が、「復職は認めない」と宣言して押し切ってしまおうとします。そのまま休職期間満了を迎えて、退職の既成事実を作ろうと対応しがちなのですが、これではトラブル必至です。

　こうならないために、会社は、休職期間中に本人と何度も面談を行い、配置転換などのあらゆる検討をして情報を開示します。それでも復職が困難だと判断した結果の、最終的な決断として退職しかないというプロセスが必要になるでしょう。

　退職（解雇）はあくまでも手続きの一つですから、適切なプロセスを経て、迅速に取り組むことが双方にとって良い結果になる場合が多いのです。

　しかし、事務的に対処しづらい心情的な問題が残ることもあります。入社時から一人の社会人として真摯に接してきたか、仲間として受け入れてきたのか。退職（解雇）に納得できるかは、これまでの対応すべてが関わってくるのです。

第5章　入社から退職まで

退職後の生活や再就職への配慮が感謝される

　会社は、トラブルを頻発する障害者の従業員に対し、「これ以上無理だ。うちの会社もよく頑張った」となった頃に、退職（解雇）を切り出します。しかし、ほとんどの場合、これが「遅すぎる決断」になっています。会社のミスと言っていいでしょう。

　会社の立場に立てば、「はたらかない障害者を、よくぞここまで雇用してきた」ということですから、すぐにでも辞めてもらいたい気持ちになっているはずです。それでは障害者は困るのです。失職した障害者が「これからどう生きていくか」を考えて決めるには、健常者より時間がかかるからです。そのため、早い決断が結果的に歓迎されることが多いのです。

　退職に応じない障害者に対しては、納得するまでとことん話し合うべきでしょう。ところが、実際は、退職の理由を障害者に説明するだけにとどまっているケースがあまりにも多いのです。

　例えば、説明を聞いただけでは消費者は商品を購入しません。納得しなければ買わないということは誰でもわかりきっていることです。しかし、障害者の退職問題となると、相手を納得させることを忘れているかのようです。

　「忘れているのではない。納得させられないんだ！」と言う人がいるかもしれません。実際、何度話し合っても平行線になってしまい、「これではきりがない」と物別れで終わってしまうケースがあります。退職（解雇）を告げた会社のほうが先に、「もういい、好きにしてくれ！」とさじを投げてしまうことが多いのです。

　退職が前提の話し合いでは、退職後のアフターフォローについて話題にすることがコツです。とはいっても、退職したあとも面倒を見るということではありません。会社を辞めたあとの、障害者の境遇に配慮するのです。

　今後の生活にかかわる再就職や福祉的なセーフティネットについて、会

161

社が協力すること。つまり、会社があらゆる情報を収集し障害者に提供する、手当てなどの申請手続きを手伝うということなのですが、このことについては障害者から感謝の言葉を多く聞きますから、効果的だと言っていいでしょう。

金銭和解は早期解決の妙案

　解決が難しい退職や解雇をめぐるトラブルも、「どちらが悪いかはっきりさせない」ことで、一転して決着するケースがあります。それは金銭による和解です。金銭和解といえども解決の一つであることに違いありません。その場合、早期に決着することがお互いの利益になることが珍しくありません。

　トラブルが長引いてしまえば、当事者のどちらも「イライラ」してしまいがちです。職場で散々いがみ合った末、「お前みたいなキチガイが生意気なことをいうな！」と暴言が吐かれたケースでは、それがスマホに録音されていたことで多額の和解金に結び付いてしまいました。話し合いばかりが何度も続き、その結果、妥当な金額で和解できても、間違いなく「弁護士費用のほうが、高くついている」ケースも少なくありません。

　また、障害者にとっての早期解決は、不安の解消につながります。経済的事情から、会社にしがみつかざるを得ないと意地になっていた障害者が、早いタイミングで金銭解決できたときに、逆に「ありがたかった」と感じるケースが多いのです。

　会社側から金銭による解決を申し出ることはとても難しいことです。しかし、実情は、労働局の「あっせん」などを経て、金銭解決しているケースは少なくありません。何事にもそうですが、トラブルの和解にも「相場」と呼べるものがあることを覚えておいてください。

162

第6章　円満な職場への道

　誰だって人間関係で傷ついたことがあるでしょう。相手が言ったさりげない一言が心に刺さり、それが忘れられないということは誰にでもあるはずです。そのために、つらい思いや悲しい思いを長い間抱えることもあります。

　職場の健常者同志であれば、そのことが「相手から差別された」とか「虐待された」といった問題にまではならないでしょう。ところが、障害者との間ではそうでもないのです。人間関係上の問題が大ごとになりやすく、またそれが差別や虐待と呼ばれるように発展してしまうことがあるのです。

　ささいなことから起こってしまった大きなトラブルを、どのように解決していくのか。そのために必要なものは、ちょっとした知識と心構えです。決して難しいことではありません。この章を読めば「いったいどう対処すればいいのか」と思い悩んでいた人でも、「なんだ、それでよかったんだ」と考えることができるようになるはずです。

　まずは、障害者差別・虐待を職場でどのように捉えていけばいいのか、そこから解説していきましょう。

障害者の被害者意識は想像以上に大きい

新法は会社にとって1勝1敗

　職場の障害者差別・虐待が、改正障害者雇用促進法の施行と障害者虐待防止法の新設で明確に禁止されました。これらの新法によって、会社は差別と言われにくくなり、「やりやすくなった」といえます。しかし、虐待については、会社が「やりにくくなった」面がありますから、会社にとっては1勝1敗というのが実情でしょう。その理由については、後述します。

　障害者差別・虐待は、障害者側の心理（被害者意識）が大きく関わってくる問題です。相手がどのような障害であろうと、また、どのような場面でも起こりかねません。障害者の被害者意識が想像以上に大きいのに比べると、会社側の意識はさほど深刻ではないようです。

　「うちの会社に限って」や、「そんなバカなことする社員はいない」で済ませている会社がとても多いのです。障害者からの疑問や訴えに、きちんと答えられない会社、納得いく説明ができない上司は決して少なくありません。

　思いつめた障害者が「私は差別されていませんか？」と聞いたとき、「思い過ごしでしょう」が精一杯の答えでは、「ああ、障害者に理解のない会社なんだ」と感じさせることになり、トラブルにつながりかねません。

　トラブルを未然に防ぐためには、差別については「合理的配慮」、虐待については「心理的虐待」という二つのキーワードを知ることがポイントになります。これらの言葉の詳しい解説は後にいたします。

第6章　円満な職場への道

「セクハラ禁止」がたどってきたルートにヒントがある

　セクハラという言葉が、1980年代後半から使われるようになりました。それまでは、誰も聞いたことがない言葉でした。1989年に「セクシャルハラスメント」が流行語大賞を受賞してからも、単に流行語で終わることなく、日本語として広く定着しています。

　セクハラは、主に女性に対する性的嫌がらせを指す言葉として使われます。「そんなこともダメになったの？」と、これまで何気なく行われていた女性に対する行為や発言について、「これはセクハラになるのか」という身近な話題になっていきました。

　職場でも、「どこからがアウトなのか？」のような線引きがされたり、勉強会を開いたりと、今ではセクハラ防止に取り組んでいない企業はありません。それどころか、セクハラが根絶されたという会社も少なくないでしょう。

　今後、障害者差別・虐待もセクハラと同じような道をたどるでしょう。なぜなら、二つの問題にはよく似ている部分があるからです。セクハラ問題では、女性は弱い立場で、被害に遭うことが前提になります。極端な言い方をすれば、そんなつもりがなくても女性が嫌な思いをした時点でアウトです。

　障害者問題でも、障害者は弱い立場とされ法律で固く守られています。障害者虐待防止法は「もしかすると、これは虐待では？」を発見した人に通報義務を課していますし、通報を受けた公的機関は虐待が行われた前提で調査をすると決められています。つまり、見て見ぬふりを禁止して、虐待ありきで調べるのです。

165

こうした調査に対して、障害者側が事実を拡大解釈して、「ひどい目に遭っていた」と感情的な訴えがなされるケースがあります。障害者の中には「自分は社会の弱者で、いつも虐げられている」という意識を常に持っている人もいるからです。

この点ではセクハラ以上に真剣に取り組む必要があるかもしれません。女性以上に被害者意識を常日頃から持っている障害者が多いと考えることは自然です。また、ごく稀に、本当に差別・虐待行為を行っている人が存在することも忘れてはいけません。

仮に、調査の一部が報道機関の目に留まり、「○○株式会社で障害者虐待が行われていた!?」とスッパ抜かれてしまえば大問題です。この種の見出しは、インパクトが強く、一人歩きしかねません。会社のイメージが台無しになってしまいます。

「これは差別ではない！」と言い切るためにすること

セクハラの意識が浸透するにつれて、「女性の容姿や服装を褒めるのもセクハラと勘違いされやしないか」といった過剰な思い過ごしが生まれるようになりました。同じように、「障害者に何をしても（しなくても）差別と思われやしないか」と思われるようになるかもしれません。

実際、職場の現状もすでにそうなりつつあります。障害者差別が根絶されたとは言えないまでも、明らかな差別はどちらかというと少数になっています。むしろ、「差別したと言われたくない」というのが本音になってきています。そうであれば、「今のは障害者差別だ！」と言われたときに、「いいえ。○○ですから、差別ではありません」と言い切れるだけのノウハウを覚えればいいわけです。

新しい法律で「これをしたら差別」ということが明確になりました。そ

の結果、それ以外の点では、「○○は差別にはあたらない。したがって○○を行ってもよい」と考えることができるようになりました。これまでの「これは差別になるかもしれない」といった躊躇は必要なくなったのです。

その際のキーワードが「合理的配慮の提供」

2016年に改正障害者雇用促進法が施行され、使用者（会社）は、障害者が求める配慮が合理的であれば提供することを義務としました。そして、使用者（会社）が、合理的配慮を提供しないことを「障害者差別」と規定して禁止したのです。

この条文から具体的なイメージを持てる人は少ないのではないでしょうか。法律用語はいつもわかりにくいものです。「障害者差別＝合理的配慮を提供しない」とは、いったいどのようなことでしょう。ひとことで言えば、これは、「さほど無理なくできそうなことを、しないこと」です。

新法の威力で障害者に駄々をこねさせない

例えば、発達障害の人が「BGMのボリュームを下げてくれないと、仕事ができない」と配慮を求めたケースを考えてみましょう。その人の聴覚過敏は診断書に書かれていますから、会社側に求める配慮としては理にかなっています（合理的です）。一方、リラックスしてはたらけるよう流れているBGMは、ほとんどの人が気にならないレベルです。

障害者への配慮として、ボリュームを下げてみたところ「周りの雑音が気になるから元に戻してほしい」と職場の全員から苦情が出ました。健常者からの反対意見が圧倒的多数であれば、会社としては無視できません。

気になるのは一人だけなんだから、「耳栓でもさせればいい」じゃない

167

か、こう考えた人がいたとします。これまでは、「ひどいことを言う人だ」とされてきた感覚です。この一言は障害者を「厄介者扱い」するかのように響くかもしれず、「差別と非難されないか」と躊躇して「言いにくかった」言葉なのです。

これからは、事情が違ってきます。BGMを流し続けることは職場全体の能率向上につながるので、合理的だと判断されます。BGMを維持するために、当事者と話し合って「耳栓の使用を許可する」ほうが合理的だと考えられます。耳栓の使用が合理的配慮になるのです。

もちろん、呼びかけに気づけないなど仕事に支障をきたす可能性もありますから、さらなる工夫は必要でしょう。それ以外にも、スピーカーの向いていない座席への配置や静かな部署への異動なども合理的配慮の一つです。

次に、障害者が、会社側が提供する配慮を「あれもイヤ、これもイヤ」と言い出したときを考えてみましょう。この場合、会社は求めに応じられない（配慮を提供できない）と伝えることになります。会社は、要求に応えるべく「あらゆる検討」をした結果、合理的でないので配慮できないと伝えて納得させる必要があります。

BGMのケースでいうと、BGMがないことで健常者が感じる苦痛（不利益）と、障害者の苦痛（不利益）を、天秤にかけた結果を伝えることになります。健常者の苦痛は、寄せられた多くの苦情から明らかです。とはいっても、多数決では障害者に勝ち目がないので、数の力で押し切ることは避けるべきでしょう。

それでは、障害者の苦痛についてはどう考えればいいのでしょうか。これについては、配慮を求める障害者の障害特性を知らなければ、本人がど

の程度の苦痛を感じているかを想像することができません。つまり、障害に関する知識や理解がなければ、「あらゆる検討」をしたことになりません。

　障害を理解していれば、いわば「会社がどの程度まで無理してでも、対応すべき事案なのか」を公正に検討することができます。言い方を換えれば、新しい法律は、障害者が駄々をこねても会社が従わなくていいルールを作ったのです。

会社は「虐待ではない」と言いにくくなった

　ここでもう一つのキーワードを紹介します。「心理的虐待」です。

　2012年に、障害者虐待防止法が施行され、保護者や施設だけでなく、使用者（会社）による障害者への虐待も法律で禁止されました。ここで禁止された虐待行為は、暴力や給料のピンハネなど、いわば誰にでも虐待とわかる行為のほかに、「心理的虐待」が含まれました。

　ここでは障害者虐待を「職場で問題になること」に限定して考えてみます。暴力やわいせつな行為、お金を巻き上げるなどは判断しやすい虐待行為です。ところが、どこからどこまでが心理的虐待か？には、あいまいな要素がとても多く含まれます。

　実際に、障害者の中にも、「人間関係の好き嫌い」と「心理的虐待」を混同している人がいます。「障害者だから、嫌われている。つまり心理的虐待されている」そう思ってしまう人がいるのです。このようなケースでは、被害者意識だけがクローズアップされがちですから、対処を間違えると会社にとって大きな問題となるでしょう。

　法律では心理的虐待を、「障害者に対する暴言や拒絶的な対応、不当な差別的言動など、障害者に心理的外傷を与えること」と規定しています。この法律用語を解釈すると、何を言ってきても無視したり、できないこと

をさせて失敗させたりするようなことを指します。さらに、虐待について
は被害者・加害者の自覚を問わない、と規定しました。「被害者の自覚を
問わない」のは、例えば知的障害の人が、自分が被害者だと自覚するのを
待っていては虐待を防止できませんから、ある程度の理解はできます。

　ここでは、「加害者の自覚を問わない」が重要なカギとなります。大声
なのか怒鳴ったのか、気づかなかったのか無視したのか、これらの受け止
め方は人それぞれです。つまり、心理的外傷については障害者それぞれの
受け止め方に委ねられているとも考えられます。

　別の言い方をするなら、障害者が「虐待された！」と感じればそれは虐
待になってしまいかねないということです。「そんなつもりじゃなかった」
という弁解が通用しないことが、「加害者の自覚を問わない」ということ
です。会社側からは「これは虐待ではない」と言いにくくなったのです。

障害の特性を知れば、虐待は起きにくくなる
解決事例【発達障害：30 代：男性】

　これを、どのようにイメージすればいいのか、Ａさんのケースを見てみ
ます。大手通信会社に勤務するＡさんは、「上司が職場で、私を障害者だ
と紹介したのは、心理的虐待ではないか」と相談に訪れました。Ａさんは「そ
のせいで、役立たずの障害者として扱われている。それなら隠していたかっ
た」と訴えていました。

　Ａさんがミスをしたときに、「これだから障害者は」と舌打ちされたこ
ともあったそうです。失敗したＡさんに「舌打ち」したことは、「心理的
外傷を与える」行為と言われかねません。舌打ちは思わずやってしまった
のでしょう。「加害者の自覚を問わない」のは、まさにこのようなケース
を指すのです。

170

第6章　円満な職場への道

　障害者として入社したＡさんは、自分の障害を隠したいとは考えていません。むしろ「同時に複数の指示があると、どれにも対応できなくなる」と、自身の障害特性を具体的に申告していました。にもかかわらず、Ａさんは、「私の障害を理解してくれる人は一人もいない。周りは私が障害者だということしか知らないんです」と苦しんでいました。これがＡさんのストレスになっていました。

　上司は、Ａさんが「障害者」だとは伝えていたのですが、「同時に複数の指示があると問題を引き起こす」という特性については職場の仲間に徹底していなかったのです。「Ａさんは障害者だ」とみんなが知ることより、「Ａさんに複数の指示がいかないこと」のほうが必要な配慮であることは明らかです。Ａさんの思いを知った会社は謝罪し、改めてＡさんの障害を学び職場での理解を徹底することを約束してくれました。しばらくして、「職場にすっかり溶け込めて、楽しい」とＡさんから連絡がありました。

　心理的虐待を防ぐには、「当事者を交えて」職場で考えることが効果的です。どのような（行為や言葉）に強いストレスを感じるかを知るには、当事者に聞いてみるしかありません。その人の障害特性を知れば知るほど、虐待は起きにくくなるのです。障害者を「心理的に虐待しない」ではなく、障害者に「心理的に虐待されたと感じさせない行動」を心がける。その心構えは、障害者に好意的に伝わります。

171

トラブルは必ず解決できる

「覚悟」がトラブルを解決する
解決事例【精神障害：20代：女性】

　トラブルを起こすためだけに就職する障害者は一人もいません。何がなんでも障害者を排除したいという健常者もまずいないでしょう。どこでボタンを掛け違ったのか、コミュニケーションが機能しなくなったのはいつからか、時計を巻き戻すようにその時に戻れれば問題は解決します。一度解決した経験は、必ずノウハウとなって蓄積します。

　具体的な解決策や妙案があるわけでもないのに、トラブルが解決してしまう会社があります。どのような解決方法があるのか見当がつかなくても、解決への強い意気込みや覚悟は私にも伝わります。

　なんとしてでも解決しようと真剣に考える会社からは、いろいろなアイデアが出るようになります。すると、障害者からも、職場に無理や負担をかけない、具体的な要望を伝えることができるようになるのです。

　大手飲食チェーンに勤務するBさんから、久しぶりに連絡がありました。以前、職場での虐待を訴え深刻なトラブルになっていたので、私は、また問題が起きたのだろうと思いました。

　ところが、Bさんは「まだ同じ会社ではたらけています。とってもいい会社なんです。こんな私でも結婚することになりました！」と報告するために連絡してきたのでした。Bさんの会社とは、何度も何度も、話し合いを重ねました。トラブルの発端がアルバイトによるBさんへの暴力沙汰だったので、会社も対応に苦慮していたのです。責任者が謝罪してもBさんは許さない。会社が配置転換を提案するとBさんが拒否する。そんなこ

172

との繰り返しでした。

　このままでは解決できないと、私から「仕事を続けたいなら、少しは歩み寄らなければ」とＢさんを説得していました。何カ月か過ぎて、Ｂさんの態度も軟化し、配属先を変えることでいったん落ち着いたのです。

ゼロベースで見直すくらいの決断が大事

　Ｂさんが態度を軟化させたきっかけは、会社から発せられた一言でした。会社は「Ｂさんのケースを教訓にして、障害者雇用に取り組む体制をゼロベースで見直す。企業の社会的責任として真摯に取り組んでいく」と宣言したのです。

　担当者は私に向かって「わが社の社員から相談がいくことは、二度とないですよ」とまで言っていました。実際に、それから１年以上Ｂさんから連絡がなかったのですから、会社はいわば「有言実行」したのです。精神障害の特徴がとても難しいＢさんを、職場で長く受け入れるのですから、現場の努力は相当なものだっただろうと想像できました。

　Ｂさんのように「配慮もない、ひどい会社」と言っていた障害者が、解決を経て「私の会社は素晴らしい」と晴れやかな笑顔で報告してくるのを何度も経験してきました。障害者に対して、「どうしようもない、トラブルメーカー」と言っていた担当者が、その後、「まじめに働いてくれて、戦力になりつつあります」と嬉しそうに連絡をくれたこともあります。

　同じ職場で円満に長くはたらくことは、障害があるせいで難しいと感じている障害者は少なくありません。どのような障害であれ日常生活や社会生活を大きく制限しますから、それが現実です。そのため、会社や同僚たちに、真剣に向き合い過ぎてしまうこともあります。ときにそれが、健常者（会社）に対する厳しすぎる要求になっていることも多いのです。

173

会社の姿勢に「ブレ」があれば、障害者はわずかな違いも見逃さず、許しません。しかし、そうでなければ、障害者のほうでも柔軟に対処することはできるのです。

　仮に、障害者だから特別扱いしていたのなら、そのことをはっきり伝えるべきです。そして、もうこれ以上の特別扱いはできないのだと正直に伝えることが解決への第一歩です。そのためには、これまで取り組みをゼロベースで見直すくらいの覚悟がいるかもしれません。トラブルには原因があって、そこに解決策がある――それが必ず見えてきます。

本気で取り組むことが最善・最短の道

　話し合いの場で、トラブルを受け止め、会社の落ち度も認め、そして「絶対に、解決してみせます」と言い切る担当者がいます。

　「うちほどの会社ですよ！絶対に辞めさせません」「一生面倒みるくらいの覚悟で雇います！」とまで言った担当者もいました。少々オーバーな言い方をしているのかもしれません。それでも、当事者の障害者はとても感動して、その後は、円満な職場で精一杯の努力をしているケースが多くなります。

　もちろん、職場や担当者の苦労は想像を絶するほど過酷なものでしょう。しかし、覚悟ができていたり、どこか「ふっ切れて」いたりする会社では、トラブルが少なく、また起きても小さいうちに解決できていることは紛れもない事実です。

　実際、「腹をくくった」会社の対応はひと味もふた味も違うなと私は感じます。「大切な社員を守るのは当たり前でしょう。ましてや本人が苦しんでいるなら、なおさらです」そう言い切る会社は、トラブルがあっとい

174

う間に円満解決してしまいます。

それは、トラブルを真正面から受け止めることで、その原因を探し出し、妥協点を見つけ出すことに成功しているからでしょう。さらに、障害者の意識（気持ち）を変えることにも成功しています。

職場で起きた障害者とのトラブルは、放っておけば拡大するばかりです。対処しなければ収まることはありませんから、絶対に解決しなければなりません。

「障害者問題だけは、どこをどう探しても答えがない」「会社の弁護士も社労士もアドバイスしてくれない」そんな風に、どうすればいいか？で悩むのではなく、どうしたいのか？をもう一度障害者本人に聞いてみてください。きっと、そんなに難しいことは言っていないはずです。

職場の障害者が何に苦しんでいて何を訴えているのか。本気でそれを知ろうとすれば理解できます。最初は不慣れで面倒でも、相手から目を逸らさなければ「なんだ、それでよかったのか」と必ず気づけるはずです。

問題解決は、他人任せや場当たり的な対処ではなく、本腰を入れて取り組むことが、結局、最善で最短の道です。あらゆる問題の解決に言えることが障害者問題にも言えるのです。

そして、解決したあとには再発を防ぐノウハウと円満な職場が生まれてくるでしょう。

笑顔で人は変わる

－あとがきに代えて

「雨降って地固まる」ということわざがあります。雨降りの日はうっとうしくて嫌なものだけど、雨が降るからこそ、そのあとで地面が固まり、良い結果を生み出すこともあるという例えです。

いざこざや争いのあとで、かえって安定した良い状態を保てるようになる。ことわざ通りの職場をこれまで私は何度も目にしてきました。雨どころか、まるで大嵐が吹き荒れていたような職場では、悲惨という言葉ではまだ物足りないくらいに、ギクシャクし、続々と退職者を出していました。

荒れに荒れていた職場が、「本当にトラブルなんてあったんだろうか？」というくらいに穏やかなものに生まれ変わるのです。台風が去ったあとのように、翌日すぐに晴天が広がるわけではありませんが、ほんとんどの職場が数か月後には見違えるほど変身してしまうのです。

私は試行錯誤を繰り返す中で、必要なノウハウが本当にシンプルなものであることに気づきました。こうした変化を目の当たりにするたびに、それが最も大切であることを確信していったのです。

それは笑顔なのです。

私は相談に来た障害者に、会ってから別れるまでの間に「必ず一度はに

こっとしてもらおう」と決めています。もちろん相談は相談として真剣に受け答えしますが、雑談やアドバイスのなかで冗談を言って、クスッとでも苦笑いでもいいから笑顔にさせようとしています。これまで、大爆笑とまではいかなくても、ほとんどの人で成功しています。

　すると、今度は相談者の側にも面白いことを言って私を大爆笑させる人が出てくるのです。涙を流して腹を抱えて笑い転げることもしばしばです。ひとたび笑いがあると、敵意むき出しで頑(かたく)なだった人の態度が少しずつ変化していきます。笑いながら話していると、次第に話す内容が穏やかになっていくのです。

　トラブルの敵方である、相手の健常者を気づかうような発言まで出てきます。「本当は、いい人なんですよ。お子さんの受験に悩んでいて…」「その人が仕事でミスしたとき誰もフォローしなくてかわいそうだった」

　「まあ、私の障害をすべて理解しろって言っても無理な話ですよね」と言い出す人もいるくらいです。そして、そこからやっと本音が語られて、そこに解決のヒントがあるのです。実現できそうな解決への道筋がはっきりと見えはじめる瞬間です。どうしたって難しい問題を話し合う場になるのですから、和やかに話したほうが解決へのアイデアは出やすいのです。

　笑顔が人間関係を作る。

　何事でもそうですが、問題が生じたら当事者の話に耳を傾けることが最も重要です。つまり、障害者の声に真剣に耳を傾けることです。それも、

相手の心と自分の心がつながるようでなければなりません。それには笑顔が突破口になるのです。

普段から面白いことを言って周囲を笑わせようとする人や、宴席を盛り上げようとジョークを言う人は少なくありません。落ち込んでいる友人を励まそうと自分の失敗談を披露し、笑顔になってもらおうとする人は多いでしょう。誰だって、苦心しながらでも相手から笑顔を引き出せるものなのです。

大切なのは「笑顔が人間関係の突破口になる」ということに気づくことなのです。

本書は障害者問題のみを取り上げた本ですが、究極的な言い方をするなら、これは人間関係の問題です。その意味では、職場で誰もが直面する可能性のある問題であり、はたらくすべての人に通じるものがあるはずです。

本書に出てくる「障害者」を、「境遇の違う人」もしくは「事情のある人」に置き換えてみてください。特に、職場で少数派に属する人を受け入れるときには重要です。新入社員や転職したばかりの人。出産・育児が一段落して、仕事に復帰した人。LGBT（性的少数者）の人や、外国人を受け入れる職場には共通することが多いはずです。

職場になじめない、肩身が狭いと感じている人はどこの職場にも必ずいるでしょう。例えば、面接をおろそかにしない、コミュニケーションの適切な距離感をつかむなどは、そんな人たちと円満な職場を築くためのノウハウになります。

特に、精神障害の人を受け入れて円満な職場なら、職場の誰かがうつ病になる予兆にいち早く気づけるはずです。すると、職場から精神疾患や過労死が出にくい職場になっていきます。少数派を受け入れ、脱落者を出さない。そんな、誰もが幸せにはたらける素晴らしい職場作りにも本書が役に立てばと願ってやみません。

　本書を執筆するにあたり、たくさんの方々にお世話になりました。専門家ならではの視点でいつも的確なアドバイスをくださる社会保険労務士の光嶋卓也先生。法哲学の吉永圭先生には、「障害者差別と正義」について個人的にご教授いただきました。書籍化の具体的なアドバイスをいただいた田口昌輝さん、宮下雅子さん、武居由恵さん、本当にありがとうございます。

　そして、20年以上お付き合いくださっている私の敬愛する偉大な先輩、林則行さん。これまで多くの本を執筆された経験やノウハウを惜しみなく本書に注いでくれました。原稿の書き始めから全体まで、鬼教官として厳しく指導してもらいながら、林さんとの共同作業で完成にこぎつけることができました。

　また、奥様の林真紀子さんには、「最初の読者」として、感想をいただきました。そこには少なからぬ数のNGも含まれていました。それをもとに書き直しをした結果、本書は一般読者の方々にもぐっとわかりやすいものになったと考えています。

　書き上がった原稿は、労働新聞社三上要社長の深いご理解と、伊藤正和

次長のプロならではの正確な仕事を経て、書籍として出版されることになりました。そして、私に執筆のきっかけを与えてくださった福本晃士記者、平野弘大記者に心から感謝します。

　小さなことがうまく伝えられなくて孤立する障害者。プライベートの時間を犠牲にして疲れ果てていく担当者。そんなトラブルをなくす方法を本書から見つけ出してください。
　職場で起きるトラブルは、言ってみれば雨降りの状態です。雨は必ずあがりますし、すぐに晴れの日は訪れます。

2017 年 1 月　久保　修一

profile

久保修一（くぼ・しゅういち）

1965年生まれ　東京都出身　慶應義塾大学法学部政治学科中退。
日本で初めての障害者のための労働組合「ソーシャルハートフルユニオン」書記長。会社と対立することが多い労働者側ユニオン書記長という立場でありながら、円滑な職場こそが働く障害者のためになるとの信念から、会社の苦心や努力にも理解を示し、会社側からも信頼されている障害者雇用問題のスペシャリスト。

ソーシャルハートフルユニオン

障害者に特化した日本初の労働組合として、平成26年2月18日東京労働委員会より資格適合を受けて発足。ホームページ（http://sh-union.or.jp）では、働く障害者の相談窓口、障害者雇用に関連したニュースや情報の発信を行っている。本書に関するご意見やご質問は、ユニオン事務局（info@sh-union.or.jp）まで。

本書を読まずに障害者を雇用してはいけません！

2017 年　2 月 23 日　初版
2022 年　3 月 1 日　初版 4 刷

著　　者　　久保　修一

発 行 所　　株式会社労働新聞社
　　　　　　〒 173-0022　東京都板橋区仲町 29-9
　　　　　　TEL：03-5926-6888（出版）　03-3956-3151（代表）
　　　　　　FAX：03-5926-3180（出版）　03-3956-1611（代表）
　　　　　　https://www.rodo.co.jp　　　pub@rodo.co.jp
表　　紙　　尾﨑　篤史
印　　刷　　モリモト印刷株式会社

ISBN 978-4-89761-646-9

落丁・乱丁はお取替えいたします。
本書の一部あるいは全部について著作者から文書による承諾を得ずに無断で転載・複写・複製することは、著作権法上での例外を除き禁じられています。

私たちは、働くルールに関する情報を発信し、
経済社会の発展と豊かな職業生活の実現に貢献します。

労働新聞社の定期刊行物のご案内

「産業界で何が起こっているか？」
労働に関する知識取得にベストの参考資料が収載されています。

週刊 労働新聞

タブロイド判・16ページ　月4回発行
購読料：税込46,200円（1年）税込23,100円（半年）

労働諸法規の実務解説はもちろん、労働行政労使の最新の動向を迅速に報道します。
個別企業の賃金事例、労務諸制度の紹介や、読者から直接寄せられる法律相談のページも設定しています。流動化、国際化に直面する労使および実務家の知識収得にベストの参考資料が収載されています。

安全・衛生・教育・保険の総合実務誌

安全スタッフ

B5判・58ページ 月2回（毎月1・15日発行）
購読料：税込46,200円（1年）税込23,100円（半年）

- ●産業安全をめぐる行政施策、研究活動、業界団体の動向などをニュースとしていち早く報道
- ●毎号の特集では安全衛生管理活動に欠かせない実務知識や実践事例、災害防止のノウハウ、法律解説、各種指針・研究報告などを専門家、企業担当者の執筆・解説と編集部取材で掲載
- ●「実務相談室」では読者から寄せられた質問（人事・労務全般、社会・労働保険等に関するお問い合わせ）に担当者が直接お答えします！
- ●連載には労災判例、メンタルヘルス、統計資料、読者からの寄稿・活動レポートがあって好評

上記定期刊行物の他、「出版物」も多数 https://www.rodo.co.jp/

購読者が無料で利用できる
労働新聞　安全スタッフ 電子版
を始めました！
PC、スマホ、タブレットでいつでも閲覧・検索ができます

労働新聞社

労働新聞社　検索

〒173-0022　東京都板橋区仲町29-9　TEL 03-3956-3151　FAX 03-3956-1611